# 抖商

## 微商的未来与出路

徐 营◎著

中国商业出版社

图书在版编目（CIP）数据

抖商：微商的未来与出路 / 徐营著 . -- 北京：中国商业出版社, 2020.8

ISBN 978-7-5208-1210-8

Ⅰ . ①抖… Ⅱ . ①徐… Ⅲ . ①网络营销 Ⅳ . ① F713.365.2

中国版本图书馆 CIP 数据核字 (2020) 第 137096 号

责任编辑：侯　静　　杜　辉

中国商业出版社出版发行
010-63180647　　www.c-cbook.com
（100053 北京广安门内报国寺 1 号）
新华书店经销
三河市国新印装有限公司印刷

\*

710×1000 毫米　16 开　15 印张　220 千字
2020 年 8 月第 1 版　2020 年 8 月第 1 次印刷
定价：48.00 元

\* \* \* \*

（如有印装质量问题可更换）

# 前言
## PREFACE

### 这是一个短视频的时代

最近几年,互联网技术飞速发展,短视频不仅用户量激增、活跃度提升,使人与人之间的关系也发生着深刻变化,并为品牌形象的建立和内容传播提供了新的介质。只要抓住这一新的流量入口,努力拍出"短而精致,简而生动,小而美好"的短视频内容,就能打造企业美好未来。

2019年,凭短视频播放量和用户量快速增长,诞生了诸多现象级口碑传播事件的抖音,受到了众多商家和品牌的关注。抖音给商家带来了新的营销价值,一定程度上助推了短视频营销新趋势的到来。

对于品牌来说,平台用户量的多少,不仅决定着它是否需要在该平台投放广告,而且也是衡量该平台是否具备广告营销价值的首要标准。短视频的营销价值,首先体现在庞大的用户量上,其次是用户增长速度非常快,比如,在"App用户增长数排行榜"上,抖音一直位居榜首。

短视频的用户质量和呈现形式,都极大地缩短了品牌到用户的转化路径,提高了品牌营销效率。抖音用户画像显示:用户群体年轻化,女用户与男用户的性别比为6:4,主要辐射一、二线城市,覆盖了主流优质消费群体。

如今,短视频凭借独特的代入感、传播力更强的特性和庞大的年轻用户,

已经逐渐取代了图文,变成品牌营销最重要的利器。抖音已经在流量价值、用户价值、产品价值、技术价值等方面展示了自己的实力,受到了众人的认可,必然会全面推动短视频营销时代的到来。

通过多年的研究,笔者认为,短视频营销具有以下特点:

(1)碎片化。短视频主要在移动设备上播放,适合人们在外出、休息等时间观看,短视频的内容自然也就呈现出快餐化、碎片化的趋势。不同于图形和文本,视频的形式更容易理解,尤其是在快节奏的生活中,人们更容易对短视频内容做出反应。进入短视频应用程序后,可随意翻看短视频,操作简单易行,满足了人们零碎闲暇时间的娱乐需求。

(2)个性化。短视频平台以大数据和人工智能为基础,对用户使用数据进行收集并消化,使平台能够选择用户感兴趣的内容进行准确分发。个性化的短视频分发使得营销更加精准,商家完全可以通过平台的分发机制将内容发送给最感兴趣的用户。

(3)内容分散化。短视频平台采用分散的内容制作机制,没有设置任何特权,会不断寻找新的和有趣的内容。只要制作出最热门的短视频,就能获得最多的浏览量。

对于品牌来说,好玩有趣的短视频能增加品牌曝光度,促使用户对品牌产生喜欢、认同、认购、传播等想法,短视频自然也就能给品牌营销带来更多的机会。

今天,短视频已经成为现代人生活中不可或缺的一部分,成为人们上下班途中、睡觉前等碎片化时间里消遣的主要娱乐方式。数据显示,2018年中国短视频用户数为5.01亿;2019年,用户数达6.40亿。短视频行业已成为一片"新蓝海",并逐渐成为一种流行的营销方式。

抖商就是基于抖音和其他短视频平台来做生意的群体。为了给已经成为抖商或即将成为抖商的人或品牌以帮助,我们特意编写了本书。本书从抖音的基础知识入手,分别从精准定位、账号注册、内容输出、视频展示、顺利引流、营销推广、吸引粉丝、上下结合、抖音变现、重视复盘等方面做了论述,语言朴实,方法实用,是一本不可多得的抖商宝典。

行走在抖商之路上,需要摸索的还有很多,相信只要多学东西、多动脑,就能给用户带来不一样的内容,就能吸引他们,成功变现。

相信自己,一切皆有可能!

# 目录
catalogue

**第一章　抖音：发展迅猛的社交平台 / 1**

　　抖音的定义及社交属性 ／ 2

　　抖音发展火爆的原因 ／ 6

　　究竟什么是抖商 ／ 7

　　短视频抢占了用户时间 ／ 11

　　用抖音也能赚大钱 ／ 13

　　短视频平台发力抖商产品 ／ 17

　　要迈过抖商规划的"坑" ／ 24

**第二章　精准定位：告诉自己，我是谁 / 27**

　　知道自己的位置最重要 ／ 28

　　制作一份竞品分析报告 ／ 31

　　成功锁定自己擅长的领域 ／ 34

　　定位要从满足用户需求出发 ／ 36

　　精准定位在于"四定" ／ 39

**第三章　账号注册：问问自己，我叫什么 / 47**

　　设置别具一格的抖音号 ／ 48

　　定号，更要养号 ／ 50

　　做好账号定位 / 52

　　为自己找个合适的头像 / 57

　　起个好的昵称更重要 / 58

　　有"背景"才更有说服力 / 61

　　简单介绍一下自己，让用户了解你 / 63

第四章　内容输出：告诉用户，你能提供什么 / 65

　　何为内容定位 / 66

　　抖音视频的内容布局 / 68

　　选择合适的内容类型 / 69

　　有效收集素材，合理利用 / 70

　　原创内容更具吸引力 / 76

　　内容输出的四大"心法" / 78

　　爆款标题成就爆款视频 / 81

　　抖音的热门内容 / 83

第五章　视频展示：让用户更直观地认识你 / 89

　　掌握录制视频的步骤 / 90

　　做一次成功的剪辑 / 96

　　视频的标题设置 / 100

　　视频文案的撰写介绍 / 102

　　抖音视频的使用工具 / 105

　　抖音视频的发布技巧 / 110

第六章　顺利引流：记住，流量是制胜第一法则 / 113

　　抖音爆发式引流的方法 / 114

　　多闪：头条系的社交引流新工具 / 118

　　直播的吸粉引流技巧 / 122

　　抖音导流微信，挖掘粉丝价值 / 124

　　用其他短视频渠道进行站外引流 / 127

　　关注同行 / 129

第七章　营销推广：抖商销售产品离不开推广 / 131

　　紧跟他人热度，增强自己的影响力 / 132

　　用大号推小号，引起关注 / 135

　　通过抖音评论区引流 / 137

　　QQ 推广，注重细节小技巧 / 139

　　朋友圈、微信群、公众号齐上阵 / 141

　　发起抖音挑战赛，增强产品曝光率 / 142

第八章　吸引粉丝：让用户知道，你对他有用 / 145

　　用多种方式实现涨粉 / 146

　　"懒人"也能吸粉数十万 / 149

　　找准用户心理，获得点赞关注 / 151

　　用情感触动粉丝 / 152

　　爆款视频是最好的吸粉方式 / 154

　　粉丝的互动和运营 / 156

## 第九章 上下结合：打造线上线下的闭合圈 / 161

线上网店 / 162

线下门店 / 164

## 第十章 抖音变现：不能赚钱的广告不是好广告 / 169

抖音广告的变现方式 / 170

抖音广告变现的常用平台 / 171

短视频广告合作的变现流程 / 175

抖音广告变现的原则 / 177

## 第十一章 重视复盘：告诉自己，复盘真的很重要 / 183

什么是复盘 / 184

抖商为什么要做复盘 / 185

复盘的结果检测 / 188

复盘的注意事项 / 195

## 第十二章 紧抓数据：将数据利用起来是时代的要求 / 197

抖音数据的解读 / 198

流量池的突破标准 / 200

解读抖音数据，提高权重 / 201

多个维度深挖用户需求 / 203

避免走入大流量池的四大"坑" / 204

## 第十三章 IP打造：告诉自己，我就是一个典型IP / 207

探索抖音和IP的共性 / 208

制作热门的视频内容 / 208

塑造核心 IP 价值观 / 209

依靠用户的信任变现 / 210

账号转让，形象代言 / 211

避免账号违规 / 212

第十四章 思维改变：逼迫自己，掌握全新的自媒体运营模式 / 217

转变思路 / 218

把娱乐变成生意 / 221

附：关于抖音的问题 / 225

# 第一章

## 抖音：发展迅猛的社交平台

## 抖音的定义及社交属性

抖音，是一个专注年轻人音乐短视频的社区平台，2016年9月上线，是继快手、小咖秀、美拍后又一个引起人们高度关注的短视频App。它的特点在于：制作成本低廉、目标精准、用户的互动+主动、传播速度快、范围广，用户在抖音App上能任意选择歌曲，拍摄音乐短视频，创造属于自己的作品。

抖音特效开放平台会从创意、质量和玩法等三个维度对上传作品进行评估，筛选出优秀作品进行推广；同时，特效开放平台还为特效师量身定制了激发灵感的"特效君"App和特效创作工具Effect Creator，激发了用户的无限创意。

抖音音乐人是抖音推出的一种内容变现方式，满足了具有音乐才华用户的需求。在"抖音音乐人"活动期间，用户只要将从未发布过的原创音乐拍摄一段抖音短视频，就能参赛，如果入围前十名，就能获得单曲、MV制作和亿万曝光资源。

数据显示，截至2019年抖音的日活跃用户量已经突破2.5亿，月活跃用户量突破5.0亿，人均使用时长达到31.23分钟。流量数字迅速传遍全网，抖音的势头远超预期。

利用抖音短视频做营销主要有这样几个优势。

### 1. 设计都是围绕年轻人展开的

抖音的所有设置都充分考虑了年轻人的需求，大多数抖音短视频都是洋溢的青春气息、动感十足的节奏、炫酷的音乐……极大地满足了年轻人高涨的表演欲，为他们提供了在这里停留的理由。

（1）抖音刚上线时，视频时间只有15秒，内容精致，用户参与评论的热情很高（现在可以60秒）。

（2）为了增强内容的娱乐性，抖音进行了产品和技术上的革新。比如，竖屏全屏、高清视频的设置，让画面更有冲击力，让年轻人眼前一亮。

（3）抖音还推出了特效滤镜、魔鬼炫音、炫酷剪辑等设置，吸引了"潮男潮女"的目光，赢得了年轻人的欢心。

### 2. 抖音是年轻人群体的流量集中地

企业产品及品牌想要得到快速推广，离不开精准的营销资源，这是所有品牌都在追求的一个目标。抖音正好给企业提供了一个绝佳的营销机会。资料显示，目前抖音用户85%为24岁以下的年轻人，抖音红人及基本用户多数都是95后、00后。也就是说，抖音上聚集了很多年轻用户，且大多是女性。

### 3. 用美妙的音乐来吸引用户

抖音前期做宣传时，发布了大量的趣味性短视频音乐，"音乐"元素也就成了它的特质，更成了营销亮点之一。另外，抖音还设置了热门歌曲、我的收藏、本地音乐等功能，用户可以为自己拍摄的视频选择合适的音乐或喜欢的音乐，增加了用户的选择性。

## 抖音的社交属性

抖音的内容具备极强的互动性，已经形成了社交群的文化壁垒，具有一定的社交属性。

### 1. 社交的三大要素

社交的本质是沟通与分享。人们虽然渴望沟通，但更渴望分享，分享自己的喜怒哀乐，分享生活中的点滴。因此，社交的本质可以概括为"时间上的沟通以及互动中的分享"。而在抖音上，粉丝不仅能将自己的音乐视频内容分享出去，还可以在评论区跟大家积极互动，把自认为好的东西分享给他人。

构成社交产品的要素一共有以下三个：

（1）互动。社交产品的互动一共有两种：一是站内互动，这种互动方式可以帮助粉丝找到跟自己相似的人，让相似的人聚集在一起，引导新粉丝确定自己的兴趣爱好等；二是站外互动，这种互动方式可以将站内的优质信息在第一时间快速传播出去，吸引更多的人参与互动。

（2）关系链。关系链是构成双方社交的前提，失去了这个前提，社交也就无从谈起。不管是熟人朋友，还是没有见过面的陌生人，都存在一定的关系链。如此，在平台上搭建关系链，也就成了抖音的工作重点。

（3）信息。连接好关系链后，只有借助信息，才能完成互动。比如，知识问答是利用信息与粉丝完成互动的，豆瓣是通过评论信息完成互动的，抖音的信息共享与评论也是这样。

### 2. 抖音的六大功能

在这个推崇社交的时代，为了吸引更多的粉丝，抖音打造了六大功能，只有合理使用这些功能，才能为自己的抖音号助力，具体如表1-1所示。

表 1-1  抖音的六大功能

| 功能 | 说明 |
| --- | --- |
| 同城功能 | 抖音把"推荐"功能旁边的"附近"功能变成了"同城"功能，粉丝不仅可以刷首页"推荐"，还可以刷"同城"看到当地发生的趣事和新闻 |
| 设置隐私权限 | 隐私权限共有三种：所有人可见、仅好友可见、仅自己可见。如果自己的信息只想被好友看见，让好友感到他的特殊，就可以设置成"仅好友可见" |
| "关注"界面改版 | 抖音最初的版本，底部"首页"标签的右边是"发现"功能，后来改成了"关注"标签，粉丝可以查看自己关注的好友。同时，抖音界面形式已经接近"朋友圈"，突出了互动的重要性 |
| 私信功能 | 2018年年初，抖音上线了私信功能，并逐步开始支持表情和图片的发送。借助这一功能，用户就能与抖商进一步互动，抖商也能在私信中进行信息回复，增强粉丝与抖商之间的互动体验 |
| 热门直播功能上线 | 粉丝一旦关注了某位抖商，时间长了，就会产生粉丝心理，期盼跟对方进行更加深入的接触。抖音直播功能正好满足了这一需求，既能加强粉丝和主播的互动，又能提高粉丝的黏性 |
| 站内好友 | 在对外分享上，抖音主要有微信朋友圈、微信好友、QQ空间、QQ好友等路径；而在对内分享中，只有站内好友，这个功能非常重要，一定要多加注意 |

### 3. 抖音的功能分析

社交的本质是时间，也就是说，你我之间付出时间，进行互动。什么叫互动？仅看不算互动，仅关注也不是，互动必须有来有往。抖音怎么完成互动呢？主要通过内容来连接。

用户在评论区的互动性，是构成抖音社交属性的关键。为了成功吸引流量，很多大号都会在评论区与其他账号展开互动，但这些互动都是低频的、单次的，陌生用户之间是形不成亲密关系的。

# 抖音发展火爆的原因

抖音之所以发展得这么火爆，主要原因有以下五个方面：

1. 满足了人的本能

粉丝之所以喜欢短视频，多半都出于人的本能。过去，为了获取信息，人们一般都会花费大量时间来阅读；可是，在这个读图时代，人们在文字上花费的时间越来越少，反而更喜欢简单明了的图片；而视频由多个图片连接起来，看起来更加直观。为了迎合用户的这一本能，抖音上不仅设置了拍摄短视频功能，还设置了用图片剪辑的跟PPT类似的短视频。

2. 设置了软门槛

抖音设置了软门槛。一是内容较少，能随时制作；二是基于完善的智能手机和流量系统，实施起来更加简单。

3. 满足了场景需求

现代人的生活，不管是时间上，还是空间上，都高度碎片化，短视频正好满足了这一场景需求。比如，在公交车站等公交时，查看一个短视频，只要几分钟就可以结束，不会因没看完结局而感到难受。此外，短视频有着极强的娱乐性，是人们工作闲暇和出行空闲时间的最佳调节剂。

### 4. 抢占最佳时机

放眼整个网络市场，短视频正处于高热度阶段。短视频的火爆程度，使其成了移动时代下品牌投放广告的一个新动向。短视频的火热，是前些年积淀的结果，发展到今天，人们已经知道它是什么，抖音不必再花费时间和精力让用户认识自己，只要想如何在众多短视频市场中脱颖而出即可。

### 5. 用户体验设定

抖音是如何脱颖而出的？用户的体验价值就是一个关键点。产品想要进行广泛推广，就要让用户能体验到它的利大于弊，最终形成用户的自主性传播。

在抖音平台上，只要拍摄一段短视频，选择合适的音乐，就能制作属于自己的作品。只要用户喜欢使用抖音并愿意在平台上分享自己的作品，就有可能为作品形成巨大的传播效应；同时，全屏播放、竖屏等形式，更容易获得用户的好感，提升互动性，提高用户体验。

## 究竟什么是抖商

究竟什么是抖商？抖商就是基于抖音等平台来做生意的群体。当然，抖商并不限于抖音平台，而是囊括了所有的短视频平台，只要拍段视频，获得粉丝和流量，通过广告、知识付费、门店引流、直接卖货或打造IP来变现，就

能成为抖商。之所以将这一群体称作抖商，主要还是抖音的名气大、用户多。

2018年3月，抖音用户"野食小哥"发出了第一条获得营业收入的视频。在该段视频中，一股水蒸气腾出，野食小哥迅速把泡面丢进锅里，随后切菜、加蛋、关火、捞出，再拌上几勺酸菜牛肉酱，一大碗面出现在人们的眼前。接着，在一阵吸溜声中，这碗面被吃了个精光。在这条抖音视频中，野食小哥首次附上了淘宝购物链接，结果这款酸菜牛肉酱销量大增，一天的流水最高达到了7万元。野食小哥从2017年年底入驻抖音，到2018年实现变现，只有短短几个月时间。

抖音是能够挖掘出巨大资金的流量池。资料显示，截至2018年10月，抖音国内的日活跃用户已经超过2亿，月活跃用户超过4亿。这两个数字确实惊人！

抖商成员主要有这样几种：一种是过去的微商和电商大咖，转型为抖商；一种是大批创业者，寄希望于抖商，试图在短视频流量红利期分得一杯羹。移动互联网时代，抖商能否最终成功要牢记一句话——"用户在哪里，我们就去哪里"。

"用户为王"的时代，抖商要想获得长远发展，就要紧紧围绕用户进行。如今，用户都喜欢凸显个性，爱好也越发独辟蹊径，媒体接触习惯则是越来越碎片化，企业只有紧紧抓住流量，才能提高跟用户的接触和互动。

自媒体时代，采用代运营的方式，不仅花钱多，还无法取得理想的效果；在微信、微博等平台上做宣传，多半也只能沦为媒体广告的媒介。只有将抖音App平台充分利用起来，发布一些宣传短视频吸引用户，才能轻松吸粉互动产生关系链。比如，对于经营简易衣橱的商家，就可以直接将产品安装视频发到抖音上，用安装效果吸引有需求的用户。

只有先知先觉，看好抖音平台的巨大流量风口，在短视频领域投入大量的时间和精力，才能增加曝光量，为产品或服务带来更多销路。比如，一汽大众是传统汽车行业中的巨头企业，为了推广产品、增加品牌曝光量，在抖音平台上发布了广告并发起话题，吸引了大量品牌忠实粉丝的关注。

### 1. 抖商是如何出现的

抖商群体基本上都不是新人，多数都是从电商平台转移过来的。比如，曾经做淘宝、天猫、京东、拼多多甚至美团的人。此外，还有以前做微商的人，发现抖音经济实用后，就开始用视频展示产品，结果宣传效果不错，然后大量微商纷纷转战抖商。抖音虽然没有自己土生土长的卖家群体，却吸引了电商卖家、微商卖家、快手卖家等入驻，然后集大成，变成大平台，之后就形成了抖商群体。

### 2. 抖商都是怎么做的

抖商就是利用抖音视频，展示产品，然后直接链接到淘宝等电商平台成交。当然，也有不少是提供微信账号，然后微信联系，在微店成交。举个例子：

在抖音里，只要搜索"蓝小爸"，就会出现很多视频，但只有一个是官方认证的，其他都是"冒牌"的。

关于"蓝小爸"，其并不是直接在抖音开店的，而是在淘宝，主要销售童装。由于淘宝流量太贵，只好放弃，转而开始在抖音发产品展示视频：一个可爱的小女孩，穿着各种童装，摆着各类pose，出现在人们面前，引起了大家（尤其是家长）的疯狂点击，童装销售量也大幅提高。

### 3. 抖商的吸引力在哪里

相比于传统的渠道，做抖商的"核心价值"在哪里？

（1）捕捉用户在多种角色中的需求。比如，看到一个女孩在关注减肥和宠物，抖音捕捉到她在减肥人士和"铲屎官"两种角色中的需求，就能更多地帮商家找到目标用户。

（2）让用户更愿意接受商品的展示。通过视频的音乐、情节和调性，品牌就能变得"拟人化"，个性鲜明的产品展示，更容易与用户建立起情感连接。

（3）让内容更开放地触达更多用户。抖音内容会被开放地推荐给能够匹配的用户，触达面更广。

正是这些，构成了各商家都投身抖商的真正原因。

### 4. 如何成为一个成功的抖商

想利用抖音做好生意的微商，可以从以下几个方面做起：

（1）提高内容品质。视频质量是抖商的立身之本，粉丝的多少与作品的多少没有直接关系，有时发太多还会起到反作用，让粉丝形成审美疲劳。所以，宁可花一周时间打磨好一个作品，也不要一周创作几十个作品。

（2）注意前五个视频。如果前五个视频没做起来，基本上 IP 就会沦为僵尸号，后面发的视频自然也就无法得到推荐量。即使出现了爆款视频，也是偶尔运气好。所以，如果真想在抖音卖货，一定要关注前五个视频。

（3）加入信息点 (Pointt of Interest,POI)。POI 详情页是一个类似于关注页的内容聚合页，可以让用户了解到店铺的所在位置，相当于一个变相的引流入口。

##  短视频抢占了用户时间

### 用户时间碎片化

新媒体的出现,将我们的时间打碎:原本应该是整段的阅读时间、写作时间、亲子时间、工作时间、旅行时间,被微信、短信、邮件等消息打断;同时,人们养成了使用新媒体的习惯,总会不自觉地刷一下微博、朋友圈、抖音……如此,时间也就成了碎片化的。短视频的出现,正好满足了时间碎片化的场景需求。

短视频是人们时间碎片化的需求,比长视频更适合受众;短视频有效弥补生活化、碎片化时间中强烈的信息接收需求。由此可见,只要找准当代人生活痛点,释放当代人冗余精力,就能满足当代人信息需求。

在我们的生活中,有许多零碎的短时间。比如,等车、等人、睡前、吃饭、排队、小憩等。而在碎片化的时间里,包含着人们对信息吸纳的需求。比如,想利用细碎时间来吸纳知识,想在无聊的零碎时间里休息娱乐。

碎片化时间对于用户,意味着等待、无聊、无所事事,趣味性的短视频就满足了他们的需求。用户个性化的创意,不仅能丰富短视频的内容、增强短视频的可视性，还能大大提升短视频的传播效果；不仅能在创作上强力吸引用户制作、上传视频，还能形成草根网民之间的互动和对话，提升用户黏着度。

在碎片化时间中，用户的状况具有多样性：有人站着，有人坐着，有人趴着，有人蹲着……短视频简单易操作，适应了用户的不同使用环境。

## 短视频抢占用户时间

移动互联网的高速发展，让短视频平台一夜间席卷了男女老少的眼球。抖音短视频App，仅用一年多时间，就成为国内时下非常火爆的短视频平台；上线半年，用户量就突破了1亿。短视频之所以能够取得这样的成绩，主要还在于抢占了用户时间。那么，短视频是如何抢占用户时间的呢？

### 1. 有效抢占用户的碎片化时间

营销的本质是对消费者时间的"抢占"，只有抢占更多的时间，才能取得更好的营销效果。移动互联时代，消费者的时间变成一块块碎片，抖商只有改变思路，高效地利用这些碎片时间，将这些碎片时间拼接在一起，才能给用户带来完整的营销体验。

移动互联网用户的碎片时间有限，停留在抖音页面的时间很短，只有用产品、服务及显示方式快速抓住他们的心，才能让他们在移不开自己的视线。

如今，尤其是年轻网民的注意力变得越来越碎片化，内容简短且声情并茂的短视频，正好满足了人们的需求。

### 2. 更强的互动性和社交性

普通用户只要通过简单的学习，就能制作并发布自己的短视频，然后分享到各大社交平台上。跟长视频比起来，短视频有着更强的互动性和社交性，同时也更加简单，是参与者表达自我的一种社交方式。同时，短视频能够直接下载并保存到手机，它有着更强的传播性，方便全网内容分发和消费。

### 3. 从画面、文字和声音等角度传达内容

短视频具有多感官的特性，能够从画面、文字和声音等三方面来表达内容。只要使用短视频，用户就能更加直观和简单地获取信息；只要对听觉和视觉产生刺激，用户就能产生更加强烈的代入感。一句话，短视频能够拉近用户之间的心理距离，更能引起用户共鸣。

### 4. 持续地引发用户的好奇心

随着用户体量的增大，短视频的内容池也不断丰富，其中就包括创意极强的内容。休闲时，用户能够随时随地打开短视频 App，查看多种内容的视频。对于忙碌的白领、学生或退休人员来说，这是一个便捷了解世界的工具，能够满足人们对事物的求知欲。

## 用抖音也能赚大钱

### 用抖音赚钱的前提

要想靠抖音赚钱，就要开通抖音的商品橱窗功能。如此，即使没有自己的产品，也可以通过推广别人的产品来赚提成。具体过程是：从淘宝联盟的商品库中选择自己想要推广的商品，然后绑定抖音，发布视频内容；用户看到你的视频，如果对该商品感兴趣，就会点击购物车小标志，转到淘宝页面去下

单。这样,就能赚到佣金了。

利用短视频来赚钱,可以带来以下两个好处:

(1)将精力放到内容的打造上,既展示了商品,又击中了用户痛点,满足了用户需求。

(2)不用打造自己的产品,能够节省很多投资,不用进货,不用仓储,不用管物流,不用管售前售后。

开通商品橱窗功能的流程如下:首先,开通商品橱窗功能;其次,完成新手任务,在个人中心的设置里找到电商工具箱,点击里面的权益升级;最后,申请开通视频购物车功能。

## 开通相关功能后如何靠抖音来赚钱

开通相关功能后,要想靠抖音来赚钱,就要采取如下步骤:

第一步:选择领域,你想要赚谁的钱?领域不要太宽泛,最好要细化。比如,教育领域就分为很多种:学科教育、成人教育、公考类、培训类等。选择领域,可以参考自己的兴趣爱好、专业、能力、特点等。当然,不要盲目地看数据。

第二步:巧妙选择要推广的商品。绑定自己的淘宝账号后,就可以从商品库中选择要推广的商品了。选择商品时,千万不要只看佣金的高低,否则可能会预冷。这也是为什么很多短视频的播放量挺好,转化率却很低的原因。

第三步:专门为商品来"特制"视频内容。视频淘客,就是利用视频的方式来展示商品。如果盲目地去拍,生硬地展示,用户是无法体会到商品好处的,自然也就无法刺激购买欲。此外,不同种类的商品,展示角度也不一样。比如水果,就要重点展示水果是多么新鲜、性价比如何高。

第四步：选择一个好的标题、文案和封面。将刚拍好的视频直接发出来，不仅不会受到欢迎，还无法获得满意的流量，只有设置好标题、文案和封面等，才能达到这个目的。

## 抖音变现的要诀

抖音上，产品只要成功变现，就能赚钱。而要想在抖音上实现变现，就要考虑清楚自己想变现的产品或路径。

### 1.广告变现的核心注意点

不同于过去电视广告的强制观看，抖音上的视频内容，受众全凭个人喜好，遇到喜欢的内容，就看看；遇到不喜欢的内容，就可以滑过去不看。用户对内容具有选择权，只有广告内容吸引用户，植入比较巧妙，用户才愿意花时间去看，否则只会直接滑过去。

（1）产品的内容输出，设计时要突出卖点，最好集中在一个点上做广告；卖点太多，不仅会让内容显得冗长，还会分散用户的关注点，不利于产品的推广。同时，考虑到抖音平台的调性和用户画像，还要将视频内容做得有趣一些。比如，笑点颇多的反差剧，就能吸引用户看下去，提高视频的完播率。

（2）在抖音平台上要少做广告，即使真要做广告，就只做软文广告，否则，不仅无法达到预期效果，还可能引发用户的厌恶感。

（3）评论区做好互动和引导，缺失这一部分，最终只能为他人的产品作嫁衣。

### 2.IP变现新方式

IP变现的方式，在抖音上有很多，最容易变现的是人物IP，从素人到网红，从网红跨界娱乐圈，还有很多是正式出道、签代言、出唱片、拍影视剧的红人。比如，"摩登兄弟"参演了综艺节目"演员的诞生"，除了线下商演外，

他们还接广告、为线下实体店引流等。

人物IP的变现方式有很多,包括但不限于:①微商变现;②直播变现;③电商变现;④线下的商演;⑤线上合作演出;⑥跨界变现;⑦广告变现;⑧线下实体店引流变现;⑨红人孵化;⑩视频的多平台分发变现等。

当然,虚拟IP账号也可以成功变现。比如,"萌芽熊"推出了玩偶、手机壳等产品。虽然这些周边商品都不是账号变现的重点,却让整个虚拟IP的内涵显得更加丰满。

### 3. 细分领域变现中的矩阵思维

首先,矩阵裂变。目前在抖音上,众多头部账号开始进行矩阵裂变。比如,尚品宅配就在家装这个大类目下打造了若干个细分领域的矩阵账号,"为你省钱的设计师""教你装修选材的设计师""教你空间布局的设计师"等,几乎覆盖了整个装修领域的头部账号,垄断了装修领域的用户流量。

其次,为其他账号进行引流。对于一些做搞笑段子剧、情景剧的内容创作团队来说,演员的变现能力不可小觑。账号积累到一定量的种子用户后,剧中的演员就能开通个人账号,通过主账号为裂变出来的子账号引流,对演员进行重新包装,为进一步商业化打下基础。IP打造和孵化红人都是比较高级的变现方式,随着内容创作个人或团队的逐渐成熟,这两种变现的方式越来越常见,承担的变现强度也会越来越大。

最后,售卖账号。一旦账号积累到一定的粉丝量和点赞数,缺少变现途径时,就可以直接将账号售出,实现变现。

### 4. 知识付费新格局

随着人工智能的发展,工作岗位不断减少,人们对新知识的学习欲望达到了历史最高点，愿意为知识付费的人越来越多。因此，在抖音上做知识类或教程类的内容账号也变得更容易变现。

参考这种方式，知识类或教程类的账号也可以进行变现：前端，可以用精短的知识来吸引粉丝；后端，可以直接引流到微信、微博、淘宝等平台，通过线上课程、线下沙龙等，实现盈利。

总之，在抖音上变现的方式有很多，只要明确目的，确定需要变现的产品或模式，连续推出优质内容，多数都能获得不错的成绩。将所有的变现内容都推到一个账号上，会被系统误认为其他类别的视频账号，曝光度自然也就不高了。

# 短视频平台发力抖商产品

## 快手

最初，快手只是一个用来制作、分享 GIF 图片的手机应用，2012 年年底才正式转型为短视频社区，用户可以拍摄和分享自己的短视频作品。随着智能手机的普及和移动流量成本的下降，短视频应用越来越普及。

如今，快手平台的商业化功能已经越来越丰富，在社交生态和内容生态方面的产品构建也日趋完善。同时，快手还积极布局人工智能领域，通过"AI+ 大数据"，推动了商业化发展，为用户带来了更加优质的短视频体验。

在快手的商业开放平台中，各产品的主要功能如下：

### 1. "快接单"和快享计划

"快接单"和快享计划可以让网络红人和关键意见领袖在最短的时间里跟广告主进行对接。

"快接单"主要面向"头部网红",快享计划主要是为"中腰部网红"提供服务。

平台用户可以通过"快接单"功能接受商家发布的各种任务,比如App下载、商品推广等;然后,拍摄相关短视频作品,完成任务,获得相应的推广收入。

### 2. 快手小店

快手小店可以帮助红人实现站内卖货变现,高效地将自身流量转化为收益。用户只要开通快手小店功能,就能在短视频或直播中关联相应的商品;粉丝只要观看视频,就能点击商品直接下单购买。

打开快手应用后,点击"菜单"图标,在"设置"选择"实验室"选项,进入其界面;然后,点击"我的小店"按钮,点选"启用我的小店"。开通"快手小店"功能后,用户不仅能享受到便捷的商品管理及售卖功能,获得多样化的收入方式,还能得到额外的曝光和吸粉机会。

### 3. 商业号

快手平台推出的商业号与抖音平台的"蓝V"账号功能非常类似,主要为品牌广告主提供内容营销服务,帮助商家快速打造商业社交关系链,通过打造垂直内容来寻找精准人群。只要在快手平台获得流量和关注度,商家就能高效地引流到实体店，成功变现。

### 4. 矩阵号

矩阵号，不仅可以帮助商家实现高效管理，还能增强传播力度，让粉丝价值达到最大化。运用人工智能技术，可以实现短视频和定位人群的匹配，实现资源的高效匹配。比如，为了增加人气，酒吧可以在快手上发布驻唱歌手的演唱视频，让粉丝转化为店铺的真实客流。

### 5. 燎原计划

燎原计划是一项助力广大商家内容营销的专属扶持计划，通过与优质合作伙伴的合作，赋能商业生态正循环。短视频行业流量红利期，以及快手平台良好的广告环境，让广告可以精准触达用户；同时，快手平台坚持"去中心化"原则实现内容和用户的个性化匹配。

## 微视

微视由腾讯推出，是一个短视频创作与分享平台，用户可以将拍摄的短视频同步分享到微信好友、朋友圈、QQ浏览器等社交渠道。其特色功能主要包括综艺感十足的文字贴纸、动态美颜滤镜、QQ音乐正版曲库等。

### 1. 微视的变现优势

微视的优势主要集中在腾讯上。腾讯拥有众多社交产品：微信、手机QQ和QQ空间等，都有着数亿级的流量，短视频的曝光量非常大。

### 2. 微视的变现技巧

如果想通过微视来变现，用户就要先注册一个QQ号，具体变现方式如表1-2所示。

表1-2 微信变现方式

| 变现方式 | | 说明 |
| --- | --- | --- |
| 视频制作 | | 要想通过短视频来赚钱,首先要关注内容,用用户感兴趣的内容来吸引粉丝 |
| 视频变现 | 广告收入 | 用户吸引大量粉丝关注后,就能通过公众号、淘宝等平台来接广告,就能在视频中植入产品进行品牌推广 |
| | 引流养粉 | 用户可以在微视主页上留下自己的微信号、微博或QQ号等;也可以在短视频中引流,吸引感兴趣的用户添加微信,或通过社群聚拢大量精准流量,然后通过电商或打造IP来变现 |

### 淘宝

淘宝短视频是电商引流性质的作品,以"短视频卖货"为主,为了扶持优秀短视频内容,已经投入百亿元。未来,淘宝上可能有90%的内容都以视频的方式来承载,包括直播。跟当年淘宝从PC端坚决转向移动端一样,向视频转移也是必然的。

随着短视频的火爆以及强大的内容引流特性,只要与淘宝电商属性结合在一起,就能让短视频变现变得更加容易。在观看短视频时,场景很容易引起用户的消费欲望,快速达到销售目的。

### 1. 淘宝短视频的类型

目前,淘宝短视频主要有以下三种类型:

(1)商品型短视频。这种短视频主要用来展示店内商品的外观、功能和用途等,发布渠道多数都集中在宝贝主图和商品详情页。

(2)内容型短视频。这种短视频主要是投放在淘宝头条、必买清单、爱逛街、每日好店、微淘等渠道,内容多为产品出处、品牌故事和应用场景等。

(3)用户型短视频。这种短视频主要包括投放哇哦视频、"猜你喜欢"模块和微淘话题等。抖商只要拍摄短视频，上传到该平台，就能为店铺吸引更多的公域流量。

### 2. 淘宝短视频的内容方向

淘宝短视频的内容主要集中在亲测实拍、网红热卖、真人"种草"和购后经验等四个方向，比如教程开箱、试吃试玩、试穿试用和真人点评等，这些视频转化效果都非常好。

### 3. 淘宝短视频的运营技巧

如果商家推广预算充足，自己完全可以拍些短视频。当然，要想取得理想的推广效果，首先要提高自己的制作能力。如果商家预算不足或不具备拍摄条件，就要跟视频制作机构合作。

## 今日头条

今日头条是一款基于用户数据行为的推荐引擎产品，也是短视频内容发布和变现的一个好平台，可以为消费者提供比较精准的信息内容。如今，虽然今日头条在短视频领域布局了三款独立产品——西瓜视频、抖音短视频和火山小视频，但同时也推出了短视频功能，从流量、内容和体验等三方面打造了一个短视频营销生态圈。

### 1. 短视频的发布

通过今日头条平台可以直接拍摄和发布短视频，具体操作方法如下：

（1）打开并登录今日头条 App，点击右上角的"发布"按钮。

（2）进入拍摄界面，点击底部的红色圆圈按钮，开始拍摄。在此界面，可以选择相应的滤镜效果和动态贴纸，可以添加背景音乐，还可以从手机相册中选择短视频直接上传。

（3）拍摄完成后，输入心情文字，选封面和背景音乐，还可以调整音量。最后点击"发布"按钮。

（4）执行操作后，就可以将短视频发布到今日头条了。

2. 短视频的赚钱方式

今日头条短视频的变现方式主要有两种：平台的流量分成和打造个人IP。

（1）流量分成。今日头条的短视频收益是根据播放量来决定的，需要用户提高作品的推荐量和阅读量等。

（2）打造个人IP。在今日头条后台的"收益分析"页面中，可以看到具体的视频收益金额。优质视频原创头条号可以申请开通视频原创标签，将作品匹配给更多精准人群，提高视频的推荐量和播放量。

## 西瓜视频

西瓜视频是一个基于个性化推荐的短视频平台，该平台上的多数内容都是用"OGC+PGC"的方式来制作的；同时，使用人工智能技术，实现了内容与用户兴趣的精准匹配。

1. 全面进军自制综艺

为了全面进军自制综艺领域，西瓜视频投入40亿元，打造原生移动综艺IP；同时，还推出了首档综艺节目"头号任务"。用户看完短视频后，通常都会感到意犹未尽，会心甘情愿地搜索完整版的视频来看。这种玩法，拥有很强的互动性，用户只要用手机拍摄短视频，参与到综艺节目中，就能深入体验综艺带来的快乐。

2. 参加热点活动，增加曝光量

在西瓜视频首页的下方，有个"西瓜热点"选项，展示了所有头条号能参与的与视频有关的活动。

头条号运营者只要创作和发表与之相关的视频，参与到活动和比赛中，就能证明自己在视频创作方面的能力，还可以让自身视频获得平台认可，提高曝光率。

3. "'3＋X'视频变现"计划

西瓜视频推出了"'3＋X'视频变现"计划，主要包括平台分成、边看边买、直播功能、西瓜出品等几种形式。只要在视频中插入商品卡片，创作者看短视频的同时，如果对某款商品感兴趣，就可以点击商品卡片，完成下单交易，同时创作者就能获得佣金收益。将视频上传到头条号后台后，就能看到一个"插入商品广告"功能；然后，单击"添加"按钮即可。需要注意的是，"边看边买"目前只有淘宝和天猫的商品可以获得佣金收益。

## 火山小视频

"火山小视频"集"创作、分发、互动"为一体，是一个受众颇多的短视频生态。

1. 参与"火山"平台扶持计划

为了加快发展，吸引更多的人关注和参与，火山小视频推出了一系列与小视频相关的扶持计划。

（1）火点计划。这是一项培养UGC原创抖商的长期扶持计划。经过不断发掘和寻找，通过纪录片和宣传片的方式，就可以跟众人分享他们与火山小视频之间的真实故事和生活。

（2）火苗计划。这项计划的核心内容共有两个：打赏功能和小视频抖商培训计划。变现和培训双管齐下，不仅可以拍摄视频、上传视频和直播视频，还可以通过拍摄的照片和视频来合成制作视频。

2. "火山小视频"的变现技巧

在"火山小视频"上，用户能够获得系统赠予的"视频火力"，根据视频的播放和互动等数据，能得出相应的"火力值"。只要创作的视频足够有趣、质量不错，就能得到更多"视频火力"。然后，再通过支付宝、微信、银行卡等方式将"火力值"兑换成现金。

## 要迈过抖商规划的"坑"

了解了抖音的平台算法及变现方式后，很多人都投身到了抖音短视频的拼杀中，结果很多人都半途而废了。原因何在？因为他们做规划时，没有避开"坑"，只能胆怯退场。那么，抖商规划，应该小心哪些"坑"呢？

1. 注意变现的潜规则

做抖音账号时，要努力营造用户的参与感和仪式感。抖音上的活跃用户基本上都是95后，他们更加重视品质和情感上的诉求，所以做账号时，要注意以下几点。

（1）不要急着变现。用户群不够大、用户黏性不够强，急着变现，不仅会揠苗助长，还会对用户造成伤害，让用户离开。

（2）不能只关注粉丝用户数量。做账号之初，千万不要刷粉。做账号之初选择刷粉开通权限，刷出来的粉丝用户都是"僵尸粉"，他们不会为账号发布的视频进行点赞，该视频就会被系统判断为低质量视频而减少对视频的推荐度，严重的话，还会被系统判断为低质量账号，降低账号权重。

（3）不能盲目跟风。盲目跟风，随意转型，只能伤害到原本已经关注了账号的用户群体，失去自己账号原有的风格，定位不清，最终阻碍账号的发展。

### 2. 短视频人才的找寻

运营一个抖音账号的门槛比运营微博、微信公众号高很多，原因有二：一是因为视频账号需要前期策划人员；二是因为需要摄像、演员、后期等，离不开专业团队。组建团队时，还要寻找思维敏捷且学习能力强的人才。

### 3. 颜值爆表不一定能火

虽然抖音前期确实带火了一大群高颜值的小哥哥和小姐姐，但是，随着平台的逐步壮大，高颜值类的网红同质化严重，用户审美疲劳，IP的打造更加费力，因为粉丝用户主要以异性为主。

有些颜值低的人，在抖音上也火得很快，但也会在最短的时间里淡出公众视野。所以，在抖音上颜值高低都不重要，重要的还是自己有特点且接地气。因为只有这样，才能提高用户的接受度，均衡性别，提高粉丝用户的黏性，更强地引导粉丝用户。

### 4. 自运营和代运营的优劣势

目前，常见的抖音运营方式有两种：自运营和代运营。

（1）自运营。优点：对账号的掌控程度非常高，能够实时了解目前的账号数据，IP的持续性高，成本上更可控。缺点：账号运营者多数都缺乏专业团队，团队组建周期比较长，账号不温不火，没有大的突破，无法变现，无法提升品牌；不断地试错，错失掉抢占流量红利黄金风口的机会。

（2）代运营。优点：运营成本更低；专业操作效率更高；省力省心。

5.MVP原则

MVP是"minimum viable product"的简称，即最简可行化分析。抖音账号的运营，要追求小而精，抛弃大而全，做内容的时候要将注意力集中在一个点上，还要不断修复、归纳和总结。要追求平稳增长，一步一个脚印地进行。

6.不要犹豫，多思考

做抖音，总是思考和犹豫，只会错失良机。目前，抖音短视频平台的发展还处于成长阶段，可以投入少量成本，进行试错，不断积累经验，快步前行；要争取吸纳一定的粉丝用户群，养成私域流量。

7.做好规划，吸引粉丝

决定创建抖音账号后，不要急于制作和发布视频，一定要想清楚账号定位、视频内容以及日后的变现方式。否则，即使积累了大量粉丝，也无法实现持续变现。要把更多的时间用在寻找差异化定位上，一旦搞错了方向，之后无论多努力，都会变成无用功。

# 第二章

## 精准定位：告诉自己，我是谁

## 知道自己的位置最重要

所谓账号的定位,就是在入驻抖音短视频平台时,希望自己的账号处于哪个位置。

这里,我们就从账号、粉丝、内容、团队等不同维度,来详细阐述定位方法和实际运用技巧。

1. 明确方向,才能顺利前行

抖音账号的定位离不开正确的数据分析,不能盲目地随波逐流,看到什么火爆就做什么。如同空中飞行,一旦搞错了方向,付出得越多,离成功越远。看到了美丽景象,就要沿着这个方向前行,任意改变方向,危险就会随之而来。

目前,优质的抖音账号都有清晰的定位。它们切中了目标用户的实际需求点,也是内容创作者最擅长的领域,即垂直领域。这类账号都具备一项独特的技能,能够直击用户痛点,也是用户最需要的内容。那么,如何为自己的账号定位呢?

做账号定位时,要明确账号的目标用户群体。只有有了清晰的用户画像,才能定位正确,并在长期的输出中明确账号的位置、风格等,不会偏离最初的目标。

抖音短视频平台已经发展了一段时间,很多内容都是雷同的,无论是在红海领域,还是在蓝海领域,新进入的账号都很难成为某单独类目领域的第一。但是,即使享受不到第一波流量红利,只要成为用户心中的唯一,同样能够达到目的。比如,1986年版《西游记》里的唐僧,虽然是第一代唐僧,但只要提到"影视剧中最啰唆的唐僧",多数人都会想到罗家英版的,因为他所唱的 *only you* 早已深入人心。

在抖音上,很多IP账号定位都设定得非常成功,比如"papi酱""熊叔厨房"等。这些成功的例子都告诉我们,在垂直领域的内容下,只要明确了定位,进行精细化打磨,突出个人特色和账号特色,努力发展自身优势,就能取得不错的成绩。

因此,无论账号内容属于红海类目还是蓝海类目,只要在某一类目下突出自己的不同点,就可能突围,成为用户心中的唯一。

2. 同质化定位内容破局

随着短视频的兴起,众多玩家涌入短视频领域,一大批网红诞生。大量人才加入,定然会产生大量作品;作品多了,免不了就会出现同质化。那么,如何从中脱颖而出呢?

以娱乐搞笑内容为例,要想在红海中脱颖而出,就要在下面五个方面做调整。

(1)对抖音上本类目前200~300名的所有账号进行统计分析,对它们的内容形式和所占比例进行统计。

(2)关注本类目头部大号的视频评论区,从热门评论、互动人数较多的评论、吐槽的评论等角度来寻找热点。

(3)运用场景切割法,选出合适的切入点。

（4）找到内容的创新点。在抖音的内容生态上，有很多泛娱乐内容，帅哥靓妹遍地都是，以老人和萌娃为主体的抖音账号却不多，自带娱乐属性的账号就更加少得可怜。而大量的数据告诉我们：老人与萌娃的抖音账号往往更容易火爆，更能吸引粉丝。

（5）搬运、模仿和创造。垂直细分领域的抖音账号，前期一般都很难涨粉，为了快速涨粉，就可以进行内容搬运、模仿和创造。模仿视频的选择标准为：点赞数为3万~5万的准热门视频、参与人数不超过1亿的话题。具体过程如表2-1所示。

表2-1 抖音账号内容搬运、模仿和创造过程

| 主要工作 | 说明 |
| --- | --- |
| 用户特征分析 | 如果主要目标用户是95后和00后，就可以到该用户群体喜欢的平台搬运他们喜欢的内容，比如快手短视频、B站等。然后，将视频进行多方压缩和模仿，把它们搬运到抖音上 |
| 平台搬运的安全性分析 | 抖音是字节跳动的产品，沿用了今日头条的算法，以往在今日头条、火山小视频上面火爆的视频内容，都是能获得抖音推荐算法青睐的内容。因此，完全可以将这些内容搬运过来 |
| 开始搬运 | 对去掉水印的视频进行下载，运用专业的剪辑软件，增加或删减它的关键帧数。只要修改了关键帧数，MD5值就会自动发生改变<br>对文案标题进行优化，增加互动话题。搬运视频时，可以使用"文件全能王"下载视频、用"去水印大师"去掉视频自带的水印、用"inshot"修改视频的尺寸 |

续表

| 主要工作 | 说明 |
|---|---|
| 话题选择 | 目前,抖音短视频上的话题非常多,话题的热度也不同,不同的平台也有不同的话题,比如微视上就没有星座这种话题……选择话题的时候,要选择与平台的风格、内容相契合的 |
| 留意"异常"数据 | 刷抖音时,要多留意数据。筛选评论数或转发数不正常的视频,反复观看视频的内容、标题及文案,努力寻找原因 |

# 制作一份竞品分析报告

做抖音运营引流,需要根据竞品分析来定位自己,不要涉足自己不熟悉的领域。

做竞品分析时,多数抖商都会努力挖掘自身产品与其他产品的不同之处,然后分析竞争的具体方式和超越方式,这样就会延伸出很多问题。想要更加准确科学地做出定位,就要使用科学专业的方法,比如做一份竞品分析报告。那么,如何才能精准地做一份竞品分析报告呢?

1. 确定精品内容

如果打算做抖音的竞品分析,首先就要判断自己的产品属性是什么,是优化型的还是功能型的?

竞品内容主要分为四大模块:用户习惯、核心价值、延伸服务和功能拆分,如表2-2所示。

表 2-2 竞品内容四大模块

| 模块 | 说明 |
| --- | --- |
| 用户习惯 | 用户习惯包括用户消费和消费体验,主要战略竞争包括:挖掘用户行为、消费、体验、情感价值传播的元素 |
| 核心价值 | 核心价值是双方产品中的潜在博弈,主要内容比如细节、定位、赋予价值 |
| 延伸服务 | 延伸服务指的是用户和盈利,主要包括服务福利、鲜明特点、耐心引导价值等 |
| 功能拆分 | 比如:功能比重、付费、活跃度、内容展示效果优化 |

这里有个特殊情况:如果抖音上的产品和竞品在功能上差异不大,该怎么做竞品分析?

首先要重新认识产品,详细到每个细节上,比如产品的核心价值、产品的导向等。如果对方产品的某个小功能有所欠缺,很可能就是对方用户流失的关键。

2. 竞品定义的要素

竞品定义的四要素包括竞品分级、基础架构、策略分析和发展潜力。

(1)竞品分级。竞品存在于不同属性环境中,仅仅对全局竞品进行分析,会显得比较模糊,用户就会提出疑问:哪个才是关注的重点?如何做针对性的举措?为了找到竞品关注的重点,就需要做一个优先级分类,分为核心竞品、重要竞品和一般竞品,这样就能清晰地知道哪个竞品是需要花费时间与精力去制订方案的。

(2)基础架构。从信息架构出发,直观地看到产品界面布局、菜单架构等,然后对用户体验进行分析。全方位了解竞品功能,并结合产品的功能分析，进行功能上的优化和补充。最后，进行交互，评估自己的服务或功能可以达到的效果。

（3）策略分析。首先，做好产品定位，包括版本介绍、推送引导和版本的反响。其次，选择运营策略，主要侧重于产品定位下的运营手段、预期达到的目标、用户体验反馈、是否需要更进一步制订战略计划、竞品与自家产品哪种更受认可？接着，策划运营方案。最后，确定盈利模式。关键是要知道竞争对手是怎么收费的，是通过抖商的广告收入，还是投资人或用户来盈利？

（4）发展潜力。发展潜力主要包括两部分：市场规模和用户规模。此外，还可以从竞争对手的角度进行多维度的分析。如此，就能对整个行业运筹帷幄。比如，竞争对手已经具备了多大的市场规模？经过数据分析就能知道自己的产品在抖音市场的优势潜力如何。

3. 制定竞品分析策略

任何产品，无论是研发前期、中期，还是从发布到上线，都会出现很多竞品，甚至雷同品，这就需要尽快制定出相关策略。这个过程主要分为研发与运营。

（1）研发。抖商，是通过大量研究用户的行为体验、用户的点击次数、用户的停留时间以及访问次数，了解用户对产品的偏爱、用户黏性等，精准地将内容推送给用户。只有进行研发运营数据摸底，才能完善推送机制，进而做足内容引导，让用户参与到活动中。

（2）运营。主要通过后端客服或用户问题，了解用户实际存在的需求。功能上的漏洞要迅速反馈到研发部，运营上出现问题，马上想办法进行改进和复盘。

## 成功锁定自己擅长的领域

想要在抖音上疯狂引流，就要清楚地知道自己最擅长的领域。找到这个领域，然后在抖音中针对该领域发布视频呈现自我，就是所谓的自我定位。只有准确地进行自我定位，才能发挥出先天优势，争夺巨大流量池。

"私家衣橱"是抖音上的一个主播账号。她是一个时尚服饰类的抖商，不到3个月，就拥有了14万粉丝，获赞59万。她是如何做到的呢？

首先，她明确自己的定位是卖衣服。她在线下有一家实体服装店，自己当老板。她之所以运营抖音，主要目的就是引流。

其次，在自己擅长的领域发挥出优势。"私家衣橱"擅长服装搭配，凭借主播高挑的身材和独特的挑款眼光，给粉丝带去了时尚潮流，还教给粉丝服饰搭配的技巧，获得大量粉丝点赞。

最后，"私家衣橱"每天都要发抖音。她极有耐心，坚持拍摄视频、更新抖音，会在第一时间给粉丝带去最新的服装搭配信息。

结果，大大提高了曝光率，很多在抖音上看到视频的人都到店里选购衣服。

可见，找到自己擅长的领域，借助抖音呈现自己的优势和特色，才能真正引流。

### 1. 确定一个专长

在多个领域尝试，涉足太多，无法做精最终必然无所获。想要借助抖音获得引流，获得百万粉丝，就要客观地审视自己，锁定自己的专长。那么，如何做到这一点呢？具体可以问自己如下几个问题：

（1）你做过被人赞扬最多的事情是什么？

抖商要想找到自己的天赋或专长，首先就要静下心来，审视自己。可以把自己擅长的事情都列在一张白纸上。比如，擅长演讲，不怯场、没有口误、逻辑清晰等；擅长做饭，喜欢做花样美食，经常得到别人的赞美。找到自己的天赋专长，就能成功引流了。

（2）你能全身投入并废寝忘食去做的事情是什么？

很多抖商唱歌都很好听，嗓音、外形、选歌，都不错。有时候甚至一唱就是几个小时，每天都坚持发视频。这种主播多半都会受到人们的喜爱，唱歌就是他的专长。只有真正喜欢一件事情，才会全神贯注、废寝忘食地坚持；只有长时间坚持，才能比别人做得好。

（3）你有没有学得比别人快、用得比别人好的技能？

一个人的认知是有限的，虽然自身有很多比别人优秀的地方，但很少能发现，只是在后来的某一天接触到某个事情时，才突然意识到。可见，只要有悟性，坚持努力，定然可以大展身手。

## 2. 加大创新力度

很多企业之所以要做抖音号，主要目的是引流。那么，该如何锁定自己擅长的领域呢？最重要的一点就是，根据品牌效应和文化价值观，进行创新和策划。在抖音上，雪佛兰汽车就做得非常有代表性。

为了宣传2018年新款迈锐宝XL汽车，雪佛兰发布了一条极具活跃度的抖音视频。该视频采用漫画的形式，呈现了该款汽车的创新与潮流，表达了第

九代迈锐宝 XL 的"加州制 NG 造"精神，并呼吁粉丝点赞。

这段抖音视频，紧扣雪佛兰的价值观，用漫画、Rap 等创新方式呈现出来，继承并发扬了原有的专长，吸引了大量粉丝关注，尤其是充满活力的年轻人。

雪佛兰的这种做法值得借鉴。

## 定位要从满足用户需求出发

对用户进行了细致定位以后，就要了解用户的核心需求了。

用户的内心诉求都不同，举个例子：为什么月薪只有三四千元钱、初入职场的小女生，愿意花两万元钱购买一个 LV 包，这背后是什么样的需求？能让她超前消费的，背后一定有明确的心理动机。

很多抖音产品之所以能够发展火爆，就是因为满足了用户的需求，解决了用户的需求。

北京途家民宿在抖音开通了一个主页，为粉丝推送各种生活常用技巧的视频。

途家民宿曾上传过一个短视频："如何把女朋友拍得更美"。视频中，女生站在镜头前，为了拍出大长腿，男生先蹲在地上拿着手机给女生拍照，可是拍出来的照片并不理想。之后，男生站起来，将手机放在胸前，根据和女生的距离调节角度，照片中出现了大长腿。这段视频教给大家正确的拍照方式，最终获得了 168 万的点赞。

这个抖音视频看上去似乎跟途家民宿毫无关系，但视频中的男女当时正好住在途家民宿酒店。从视频中可以看出,民宿周围的环境非常漂亮,室内布置文艺温馨,符合年轻人的审美。用户对这段视频有了好感,民宿的文化和产品也在潜移默化中进入了用户意识,最终途家民宿获得了大量潜在客户。

只有尊重用户,掌握用户需求,才能利用新技术优势获得用户认可,提升或颠覆传统技术和产品价值。

用户的"购买"与"不购买"都能够反映出用户的真实需求,但是"不购买"却常常被企业忽视。产品是最终满足用户需求的解决方案。

## 用户需求的不同层次

一般来说,可以将用户需求拆分成三个不同的层次。

### 1. 功能性需求

功能性需求是为了通过使用产品解决一个具体的问题,且该问题可以被明确地描述和定义。比如,购买冰箱,多数人需要的仅仅是"让食材保鲜"的功能;购买空调,需要的是"让空间内的温度降下来"的功能。只要满足了这些需求,用户自然就会下单。

### 2. 情感性需求

情感性需求是源于用户的心理诉求,希望满足某种情绪的表达。用户并不太在意商品的成分或工艺,看中的只是商品背后传达出来的情感和需求。比如,男士在重要的日子给爱人送玫瑰花和钻戒,这时候玫瑰花和钻戒没有实际的使用价值,却富含情感价值。工资不高,为什么很多年轻人还要花昂贵的价格购买钻石?其实也仅仅是为了满足情感的需要。

### 3. 社会性需求

社交类属性,不仅能满足个人属性,还能满足社会连接,以及人和人之间的连接。社会性是人的基本属性之一，人类有着大量的社会连接和交往等需求。

## 用户需求驱动

互联网时代，用户需求驱动是不变的法则。

1. 基础需求

基础需求是人们的基本生活需求。

2. 期望需求

用户觉得某个需求很好，比如手机可以玩游戏，没有这个服务，用户就会感到非常失望。

3. 兴奋需求

要让用户觉得你的产品特点或功能很神奇，继而产生正向口碑。

4. 无差异需求

如果用户的满意度和需求实现及优化程度不相关，那无论商家是否提供该需求，用户满意度都不会发生改变，用户也不会在意。

5. 反向需求

这是用户最不想要的，如果做了也许会挣钱，但用户肯定会骂你。

完成用户需求的分析后，要对需求进行描述，对用户需求进行样本采集，验证这些需求是否真实存在，并量化用户需求的目的和原因等。

#  精准定位在于"四定"

## 确定用户群体

要想买到合适的鞋子,首先就要知道自己穿多大码。同样,做抖音短视频,第一件事就是精准定位自己的粉丝用户群。数据显示:快手短视频的用户收入较低,以三、四线城市用户为主;而抖音短视频的用户则是收入较高、普遍接受过高等教育的人群。

真正的用户,一般都认可产品价值,对产品有一定的忠诚度,能为产品贡献口碑效应,并愿意为产品进行消费。只讲究用户数量,不讲究用户质量,产品无法实现价值,最终只会成为泡沫经济。所以,不要看用户有多少,要看用户的质量、变现率和价值。

比如某号称拥有千万粉丝用户的公司,靠银行贷款度过了两三年,结果在用户变现时,无法实现价值转化。原因何在?最根本的还是用户问题,经济实力差。由此,为了锁定目标粉丝用户,就要关注三个核心要素。

### 1.挖掘主力目标用户

不同目标用户群,关注点也不同,贪多求快,只会得不偿失。账号的定位,只要能够迎合主要目标用户群即可。另外,采用倒推法与正向拓展法,能够分析目标用户的需要,制定合适的内容策略。

举个例子:如果你开着一家小店,主营职业装,主要客户群有银行职员、保险业务员，为了将衣服卖给保险业务员，就可以采用倒推法和目标用户的画像，进行拓展。

保险业务员需要什么样的客户→有购买保险需求的客户。

保险业务员如何增强客户对保险的认可度→借助宣传保险优势的文章。

如此，使用描述这类保险优势的文案，将目标用户聚拢在文章源头，就能引发"私域流量"，顺利地销售出自己的服装。

### 2. 结合抖音内容风向标进行改变

如今，用户红利已经慢慢消失，内容红利才刚刚到来，打造人格化的搞笑段子剧，依然能占据市场。比如，抖音号"美少女小惠"在视频中总会出现撩头发、搓手的标志性动作，浓重的湖南口音，以及结尾处的"我这该死的无处安放的魅力啊"，都给用户留下了深刻印象。即使视频内容不如其他搞笑段子剧优秀，但在红利期的变化阶段，紧紧地抓住了用户心理，收获了一大批黏性极强的用户群。

### 3. 紧跟目标用户的需求点

确定目标用户时，不要追求多而全，要关注小而精。账号做到一定量级，如果账号中的用户需求点越来越多，就可以做矩阵账号，将用户细分导量到针对不同需求的账号中，进行相应的内容输出，用内容优势吸引用户关注。

## 确定场景

从用户经常出现的场景中，发现消费者遇到的痛点，然后用相应的方案去解决，加深用户记忆。比如，抖音上，零食、服装都是带货比较猛的品类，因为这些品类都需要充分展示场景，场景的目的是加深观看者的记忆。

举个例子，在抖音上销售童装，要想获得高人气，就要专注于宝妈用户群，需要将母子或母女在场景化中充分展现出来。

时间：任何时间

地点：任何地点

环境：家庭、公园

人物：一对母子或母女

行为：孩子在前面跑，大人在后面追

结果：看起来非常幸福

如此，即使不能直接转化，也会让用户留下深刻印象，让用户体会到满满的幸福感。

从本质上说，场景是一种高级广告，有效的场景让用户记忆更加深刻。场景如此重要，如何来确定呢？

抖音短视频的内容形态异常丰富，测评、才艺、段子、鸡汤、颜值、培训等内容充斥整个平台。要想在形形色色的视频中脱颖而出，就要将重点放在内容选题上，只要确定了场景，就能从新颖的角度，发现贴合用户的选题。

各环节的相关性及先后顺序如下：

（1）进行市场调研数据的统计和分析，给账号定位。

（2）使用九宫格场景分割法，确定目标用户出现的高频场景。

（3）选定场景，结合变现的可行性，确定定位标签。

（4）完成账号定位，进行人物IP设定，合理安排人员分工。

（5）结合内容制定季度规划和月度选题大会，确定分镜脚本。

（6）运营推广视频，针对视频的数据回馈进行数据统计与分析，并适当地进行调整。

（7）上传视频的拍摄剪辑。

同时，还要对最高频的三个场所进行分析。

（1）办公室特定场景时间占用的多少（排序由高至低）：基础工作—午休/吃饭—加班—会议—见客户—聚会—学习培训—外卖。

（2）家/宿舍特定场景时间占用的多少（排序由高至低）：刷剧—个人洗护—聊天—吃饭—卫生—资讯—做饭—学习。

（3）娱乐逛街特定场景时间占用的多少（排序由高至低）：逛商场—吃、喝—KTV—电影院—公园—健身房—图书馆—兼职。

### 确定合适的标签

之所以要给账号确定标签，主要目的就是让用户想起某类标签的时候能够想到你、记住你、留住你。同时，让系统记住并为你贴上标签。比如，做情感账号，系统会根据情感定位的标签，把视频内容推送给对情感视频感兴趣的用户。

此外，确定标签还有以下几个重要目的：一是被系统记住。系统知道了该账号会持续输出何种内容，就能把该账号的视频内容推送给对此类视频感兴趣的用户。二是被用户记住。该账号的内容能持续地为输出用户需要的、感兴趣的内容，这样可以吸引用户关注。

为了满足用户的个性化需求，抖音会利用独有的算法机制，以及智能推荐模块，给每位用户贴标签。

比如，喜欢看搞笑视频的人，平时也会搜索很多搞笑视频作品，个人平时的浏览习惯、看了哪些类型的作品、停留了多久、点赞了哪些类型的作品、关注了哪些类型的作品、回复了什么评论，系统都会一一记录下来。然后，根据该用户的习惯，就会给他推荐感兴趣的内容。

此外，抖音还会根据作品类型给作品贴标签，然后推荐给喜欢这类标签的用户。这些推荐的内容都是给每位用户量身定做的，是用户自己感兴趣的内容。每个人喜欢的视频类型不同，浏览的作品也不一样，系统绝不会给用户推荐不感兴趣的内容。

给抖音账号确定标签时，以下问题是需要注意的：

### 1. 不要随意改变标签

风格可以更改，但标签不能随便改，因为更改了标签后，系统还会把更改后的内容推送给原来对视频感兴趣的用户。如果这些用户对之前的内容感兴趣，但现在对输出的内容不感兴趣，就会降低视频互动率，账号被不断地降权，最终账号会变成一个僵尸号。

### 2. 不要轻易放弃

如果变现空间太窄，账号的操作、内容输出成本不高，具有一定的粉丝用户群，就可以将这个账号打造成助攻号。抖音推荐机制内的用户进行互动，系统就会重新推荐该视频，即使该视频在刚发布时没有引起用户的兴趣，但一段时间后，也可能引发用户的兴趣。

## 确定角色定位

平时聊到角色定位时，人们关注更多的是作品角色或动漫人物。除了外貌特征，还会关注这些内容：名字起得优雅还是搞笑；是否跟自己同龄；性格是否符合年龄特征；有哪些讨喜或讨厌的地方；背景能否引人遐想……这些角色的角色定位，经过多次的讨论和热议，会更加深入人心，得到更广泛的传播。

其实，姓名、年龄、性格和人物的生活背景等相关资料，合在一起，就

是"角色定位"。但是在现实生活中,"品牌"价值高的人,不一定都能成为抖音上的红人,因为抖音号的角色定位和风格有自己的一套规则。

所谓角色定位就是视频中角色的外在形象、内在性格、日常爱好通过视频传递给用户的印象。抖音最核心的属性是虚拟社交,抖音号的角色定位很大程度上就取决于视频主角面对镜头时,展现出来的能引发观众互动的性格特征。

定角色定位,首先要确定人物的性格、喜好、阶层等基本信息。目前,抖音上的角色定位可以分为两类:虚拟角色定位和真人IP,二者在抖音上的人数比例为2:8,操作成本是8:2,变现空间是4:6。抖音平台上,多数账号做的都是真人IP,操作成本低,变现空间大;虚拟角色定位,不但操作成本高,变现的空间也窄。

1. 角色定位包括哪些

(1)人物身份。比如大姐大、自恋狂等。

(2)人物性格。比如自恋、温柔、搞怪、神经质等。

(3)人物特征。比如长得漂亮、长得难看、喜欢穿奇装异服等。

2. 精彩的角色定位案例

在抖音短视频平台上,有很多精准角色定位打造的案例,只要查看这些账号的主页,就能知道角色定位与视频内容结合的方法,通过对粉丝用户评论的分析,就能总结出角色定位成功的原因。下面举几个例子。

(1)"黑脸V"。他是一个内心充满正义感的视频剪辑大咖。他的角色定位是人气视频创作者,真人出镜,名字与形象相符,戴着黑色口罩、黑色鸭舌帽,显得很有神秘感,观众只要一看到就会引发好奇心。

(2)"美少女小惠"。她是一个闷骚自恋的女性形象,口号是"我这该死的无处安放的魅力啊"。

### 3. 决定角色定位定位的要素

做好账号角色定位定位的七个基本要素如表 2-3 所示。

**表 2-3 角色定位定位的七个基本要素**

| 要素 | 说明 |
| --- | --- |
| 形象和个性 | 外貌特征、怪癖，能不能给观众留下深刻记忆点 |
| 兴趣爱好 | 角色定位定位一定要是你感兴趣的方向，且有一定的经验或阅历。强行给自己加戏，会让人觉得尴尬 |
| 周围环境和人 | 只有记录身边真实的环境和人，操作起来才简单容易，不会累 |
| 用户需求 | 要确定你的角色定位满足大众的什么需求。比如，走情感暖心路线的"七舅脑爷"，满足的就是大众女性对完美男人的向往 |
| 市场差异化 | 你的角色定位和市面上同类型的账号相比，有哪些不一样？简单地跟风模仿，该账号就不会有任何特色，还会激发用户和原作者的比较心理，得不偿失 |
| 你的价值观 | 所谓的价值观就是你内心相信和坚持的，只有这样，才能走得更久。比如，因为一首《让我做你的眼睛》红遍大江南北的莉哥，是一个邻家女孩形象的才女，本应该风光无比，却因为图一时口快，严重违背了社会核心价值观，被点名拘留 |
| 可持续 | 你的角色定位是否可持续，能否源源不断地产生内容？如果很容易复制，用户很快就会把你忘记 |

### 4. 设定角色定位的注意事项

完成角色定位 IP 定位后，持续性地塑造精准 IP 就成了下一步的工作重点，这时候就要注意以下几点：

（1）视频内容要符合产品的调性。比如，内容创作者建立抖音账号的初衷是售卖英语课程，但是视频内容却以吸粉速度较快的搞笑段子剧为主，那么

账号吸引的用户群就会以热爱看段子剧内容的为主。若后期售卖英语课程，多数用户都不会感兴趣，他们不仅不会购买课程，还会取消关注账号。

（2）以原创为主，才不会引发纠纷。要想打造可持续发展的IP，必须坚持原创。账号内的视频若是一直以搬运为主，一旦账号在后期红了，就会引起原创者或其他用户的举报和投诉。

（3）确定内容的输出风格。同样的内容，可以有不同的风格。比如，同样是做星座内容的账号，既可以选择真人出镜，纯粹讲述星座性格、运程等内容；也可以用段子剧的形式表现十二星座的不同性格；还可以采用动画形式展示。

# 第三章

## 账号注册：问问自己，我叫什么

# 设置别具一格的抖音号

账号运营最核心的内容就是：精准定位(垂直领域)，一个账号只定位一个领域。抖音垂直类账号，技术门槛很低，只要用心，就能获得几十万的粉丝量。账号定位不仅决定着人群的精准度和涨粉的速度，还会对引流效果、变现能力造成重要影响。

## 抖音企业号的注册

### 1. 什么是企业号

抖音企业认证是抖音针对企业诉求提供的"内容+营销"平台，为企业提供免费的内容分发和商业营销服务。

概括起来，企业号主要分为两种。

第一种，企业号。企业号本身具有独特的权益，品牌想在抖音入驻，首先就要认证。

第二种，机构号。机构号与企业号外观形态没有太大差异。企业号是以企业组织来认证，机构号主要针对媒体机构，一般企业品牌做抖音号会选择认证企业号。

在短视频快速发展的当下，抖音已经成为企业在短视频平台进行营销的主要阵地，主要原因有三：

（1）抖音的日话题量非常大。目前，抖音的日流量已经达到1.5亿~1.6

亿,是一个非常大的流量体量。如今,抖音流量红利在逐渐消失,可能迎来营销红利,抖音平台是目前企业内容营销的重要阵地。

(2)用户的使用时长非常突出。营销的最重要策略就是,让营销本身触达更多用户。

(3)抖音为企业提供几乎零成本营销服务。在抖音,企业可以通过零成本去实现营销和商业服务。

2. 抖音企业号的核心价值

抖音企业号对于企业的核心价值主要体现在两个方面。

(1)建立品牌在短视频平台上的用户资产。一般来讲,品牌在进行短视频营销时,只是一次性投放,视频传播过后只能留下曝光数据。有了企业号这种载体后,就能把通过曝光带来的用户数据真正沉淀下来,成为自己的品牌粉丝。积累的粉丝越多,营销成本越低。

(2)沟通年轻用户。抖音用户非常年轻,60%~70% 的用户为 95 后或 00 后,是未来最重要的消费群体。

## 设定抖音号的注意事项

设置抖音号时,需要注意下面三个方面的内容:

1. 仔细选择,一旦确定,不再修改

每个新的抖音账号都有一串初始数字作为抖音 ID 号,这串数字没什么规律,用户搜索时,需要花费很高的记忆成本。因此,为了方便用户记忆,就有必要修改抖音 ID 号了。但前提条件是,明确将要更改使用的抖音 ID 号足够符合账号的其他要求,必须慎重考虑后再修改。

### 2. 便于识记，不能太复杂

最好的抖音 ID 号，一般都非常简单，便于人们记忆。抖音 ID 号的设置标准是：用户搜索时，一次就能成功，不用反复查看确认。

### 3. 拼音优于英文单词，英文单词优于纯数字

抖音号的设置，支持英文和数字。而在英文字母中，最便于人们记忆的是拼音格式，抖音号与账号昵称拼音一致，最方便用户识记。如果账号的拼音已经被他人抢先注册为 ID 号，为了加以区别，就要在拼音的后面或前面加上一串易于识别记忆的数字。此外，尽量不要使用不常用的英文单词作为抖音号。

## ■ 定号，更要养号

玩抖音，最重要的就是"养"。会养号，不管玩什么领域的抖音号，都很容易做到一个几十万粉丝的抖音账号。

### 1. 熟悉抖音

自己在操作的过程中，就会逐渐熟悉抖音各项功能和玩法。

### 2. 抖音养号

（1）养号步骤。

①注册一机一卡一号，在 3~5 天只看视频不发视频，时长为 30~40 分钟。

②在观看过程中，评论、点赞、互动，关注 5~10 个大号。

③看十几分钟直播，买60个抖币，随机打赏并随机关注几个热门视频博主。

④关注20个价值二三十万至百万元的竞品账号，粉丝低于1万的账号，不要留个人微信号。

⑤完成养号，对个人资料和整体介绍部分进行修改。

（2）养号细节。

①前5个视频没起来基本就会沦为僵号，后面发出的视频就得不到推荐。

②别刷粉、别刷赞、别刷任何量，千万别刷。

③搬运视频是一个捷径，但捷径并不适合所有人，最稳妥的方法还是脚踏实地做原创。

（3）养号权重。权重是一个内在的数值，查看方式是看作品的播放、点赞、评论、转发等数据，数据越高，证明权重越高，曝光度就越高，越能火起来。

抖音权重怎么查？在抖商搜索页，输入"抖音昵称"或者"抖音号"，找到自己的账号，点击进入后，可以查看到。

如何提高抖音权重？完善账户资料，越详细越好，且不要打广告；作品必须原创；搬运的视频去水印，做伪原创；保证时长，不能少于7秒；多参与线上挑战；不要碰触危险信息，包括抽烟、喝酒、辱骂、裸露、危险器械等；持续更新，保持活跃度。

### 3. 抖音认证

抖音认证方法共有三种：一是企业认证；二是个人号加V认证；三是企业号加V认证。如果企业认证出现了问题，就要将抖音号、截图、问题等信息发送至邮箱 renzheng@douyin.com，对方会在两个工作日内回复。

# 做好账号定位

## 账号定位

### 1. 个人号定位

个人号定位应该清晰明确，让人一眼能记住。如果往个人IP方向发展，最好用一句标志性品牌语介绍自己，比如papi酱的定位是"一个集才华与美貌于一身的女子"。

### 2. 企业号定位

具体来说，抖商定位要明确五个要素：品牌理念、受众分析、账号人格、内容规划和运营团队。

（1）品牌理念。品牌理念贯穿品牌主页所有规划与执行。

（2）受众分析。要了解品牌受众，明确用户需求。

（3）账号人格。抖商要结合品牌理念、用户画像和平台特点，打造账号人格。

（4）内容规划。抖商要根据用户需求，定期做具体制作规划。建议每个月做一次。

（5）运营团队。运营团队要根据内容规划来匹配，因为运营团队的风格直接影响账号的人格形象。

## 垂直定位

一个抖音号只能定位一个领域内容，只能定位一个人群，其他人群就不要在该抖音号分享了。

比如健康营销、健身推广等方法的定位人群不同，表面上看起来似乎一样，但真正吸引过来的目标客户群体完全不同。这两个群体关心的问题不一样，前一个是关心怎么通过视频开发新客户，后一个是关心怎么利用社群开发新客户。

在抖音上，要将两个内容分别运营。今天分享长高营销，明天分享运动营销，关注长高营销的人可能就会取消关注，因为他不喜欢你分享的内容，反之同样如此。

垂直定位主要分为人群定位、内容定位、产品定位和变现定位等。

## 账号布局

抖音号的账号布局，要从以下几方面进行：行业号布局、专家号布局、企业号布局和矩阵号布局。

## 了解抖音的算法

掌握了抖音算法，就掌控了精准流量的入口，也就不再缺少精准用户。

## 算法原理

抖音的算法，采用的是漏斗机制，其原理类似于今日头条去中心化的推荐算法，具体过程如下：

1. 数据挑选

首先，从数百万的短视频中，对点赞、关注、评论、转发等各数据进行

分析。

其次，挑出各项指标超过 10% 的视频，为每个视频分配 10 万次曝光。

最后，找到点赞、关注、转发、评论等超过 10% 的，滚进下一轮，进行推荐。

2. 精品推荐池

通过多次验证，选出点赞率、播放完成率等指标都很高的短视频，进入精品推荐池。如此，只要用户打开，就能看到点赞量多达数百万的视频了。

3. 曝光冷启动流量池

在抖音上，每天上传短视频的人数超过 100 万，抖音就会随机给各短视频分配一个冷启动流量池。只要短视频通过审核，就能获得 1000 次曝光。

## 优质视频

优质视频内容的核心要素如表 3-1 所示。

表 3-1 优质视频内容的核心要素

| 核心要素 | 说明 |
| --- | --- |
| 引起共鸣和认同 | 观念、遭遇、经历 |
| 引起好奇 | 为什么、何时、惊喜 |
| 利益相关 | 身边息息相关的利益、群体利益、地域利益 |
| 引起思考 | 人生哲理、生活感悟 |
| 引发欲望 | 食欲、爱欲、追求美好的过程 |
| 探求未知 | 新奇的事物、新鲜的景色、人新鲜的一面、新奇的生活 |
| 满足幻想 | 爱情幻想、生活憧憬、别人家的男朋友、别人家的老婆、别人家的宠物猫狗、那些你无数次幻想却不敢做的事情 |

续表

| 感官刺激 | 听觉刺激、视觉刺激 |
|---|---|
| 获取价值 | 有用的信息、有价值的知识、有帮助的常识 |
| 核心要素 | 说明 |
| 强烈冲突 | 角色身份的冲突、常识认知的冲突、剧情反转的冲突、强烈反差造成的冲突、戏剧性和趣味性带来的冲突 |

## 互动数据

影响内容进入流量池的关键数据因素主要有以下几方面:

### 1. 完播率和复播率

一条内容被用户看到什么程度?看到60%就划分为不及格,100%看完仅仅是及格,抖商的目标是让用户反复观看。40秒的视频完播率,要比50秒概率大。

### 2. 分享率

用户分享得越多,视频越容易进入抖音流量池。

### 3. 点赞率

点赞率越高,视频成为爆款的概率也就越大。

### 4. 评论率

用户评论越多,视频越容易得到推荐。

## 热门参考

如果发布的视频,1小时内的播放量能突破5000次,点赞量能大于100个,得到系统推荐的概率就大得多,离热门也不远了。通常,视频时长控制在7~20秒,就能得到一个比较好的视频完播率;超过20秒,如果内容不太出彩,就可能刷过去。

## 热门发布技巧

### 1. 调整发布时间

发布抖音视频,最好选在大家比较闲的时间。比如,工作日 12 点、18 点、21 点至 22 点,周五晚上和周末等。

真正科学的发布时间调整,是要想象一下:发完后,你的精准用户在当时那个时间点下,能否看到该视频的最恰当状态?举个例子,鸡汤类、情感类适合在 21 点至 23 点发布,因为在这个时间点多数单身男女都是有空闲时间的;而励志类、职场类的内容,要发布在 8 点至 9 点和 11 点半至 12 点半。关于发布时间,要结合定位人群刷抖音的习惯和当时的状态来选择。

### 2. 努力提升四个指标

抖音能够对抖商在冷启动环节中的表现进行点评,主要关注四个指标:点赞量、评论量、转发量和完播率。因此,要想获得推荐,视频发出后就必须发动所有资源去提升这四个指标。

(1)在视频描述里,引导用户完成点赞、评论、转发或看完视频的动作。很多短视频会在视频描述和视频开头、结尾写"一定要看到最后""心疼小姐姐的快点赞吧",就是为了提升完播率。

(2)回复用户评论,提炼视频核心观点,引导更多用户参与到话题讨论中,进一步提升评论量。

(3)提前准备评论,视频发出后,让好友将话题写在评论区,引导用户围绕该话题展开更多互动,提升这些指标。

(4)在视频描述里,设置一些互动问题,引导用户留言评论,以便提升评论量。

### 3. 积极参与挑战

要想让自己的视频成为热门,可以采用很多方式,但最简单、最有效的方式就是利用抖音的"热门挑战"功能。抖音上每天都会进行不同的挑战，为了提高推荐概率，可以根据综合对比来判断话题火爆的潜力，选出你认为可能会火的话题进行模仿。

4. 持续维护

抖音的推荐算法有时也会带火一些优质的老视频，对于比较优质的视频，就要持续点赞、评论和转发，不断运营，也许过段时间就会得到推荐。

# 为自己找个合适的头像

如何确定头像？如果不是打造个人品牌，或者没有很强的个性内容，就可以使用文字头像。如此，更直接干脆，便于观众理解。玩抖音的人都会刷来刷去，如果你的账号名字非常显眼，又是自己感兴趣的内容，他们自然就会点击关注；否则，可能就会一闪而过，大大降低关注率。

1. 选择合适的主色调

统计该账号定位类目的前100名账号，分析这些账号头像的主色调，做主色调的差异化设置。如果该品类的抖音账号较少，就要参考一下平台上大号的头像主色调；如果没有特定的参考要求，就可以将主色调设为蓝色或黄色，提高眼球的识别度。

2. 头像与账号内容相关

抖音账号的头像就像一个新品牌的LOGO，想要迅速扩大知名度，不仅要进行广告宣传,还要将 LOGO 设置得易于识别和理解。所以,设置账号头像的时候,完全可以向新生品牌 LOGO 的设置标准学习。如此,目标用户只要看到头像,就能猜测到该视频账号的主要输出内容,就能第一时间在关注列表中找到该账号。

3. 头像与昵称有关

昵称是账号打造的重要组成部分,之所以要在头像中与昵称建立相关性,主要目的还是加深用户的记忆。比如,"老爸评测",使用父女牵手的背景,直接将自己的昵称融入头像中,就能营造出一种温馨的感觉,传递出"老爸评测"打造的角色定位。

4. 头像最好是真人

设置头像时,为了加深用户对账号的记忆,最好采用账号的主要出镜人物 IP。如果是真人 IP,就用主角的真实头像,比如"兔子牙";如果是虚拟 IP,比如"一禅小和尚",就采用一禅小和尚作为头像。

注意:要尽量少用动漫人物、风景或人物的背影,因为只有专业的抖音账号头像,才能在用户心中留下深刻印象。

# 起个好的昵称更重要

之所以要设置账号昵称,不仅是为了易于识别,还为了方便用户输入搜索,方便粉丝用户的延伸创作。

## 好名字的标准

好名字的三个标准如表3-2所示。

表3-2 好名字的三个标准

| 标准 | 说明 |
| --- | --- |
| 好记忆 | 好名字容易让人记住,比如苹果、今日头条、小米,提到它们,就知道它们是做什么的 |
| 好理解 | 好名字一定是好理解的,提到微信、QQ,就会想到社交平台;提到头条,就会想到新闻资讯 |
| 好传播 | 提到一个名字,就会在用户心智里形成一定印象。比如,旅游网站马蜂窝,原来使用的是蚂蚁的"蚂",导致在跟别人介绍时,蚂蚁的"蚂",很容易混淆,管理者只能把"蚂"改成了"马" |

## 有吸引力的抖音名字

### 1. 学习成长型

成长类型的名字如何取呢?比如,职场训练营、口才培训师、每天进步一点点,都跟技能或学习成长有关,很容易吸引渴望学习和提升的人群。

### 2. 特定人群型

玩抖音,吸引特定人群很重要。比如,装修游击队、生活美学家,会明确告诉人们账号主要聚焦在哪些领域和内容范畴。

### 3. 职业昵称型

把职业昵称人格化,用户就会觉得你是真实存在的人。比如,平面设计小仙女、美食体验小美等。

### 4. 意见领袖型

意见领袖是指在某个领域说话比较有话语权的人。比如,广告我来讲、

财经有话说，能表现出账号在某个领域的专业度。

### 5. 精选大会型

比如，搞笑精选、小成本创业全攻略等。

### 6. 时间便笺型

比如，今日头条、十点读书、夜听等，时间很明确，用户能根据自己的需求去选择。

### 7. 号召行动型

比如，学个单词再睡觉、一起瘦到90斤，能吸引对应领域的用户。

## 起个好昵称的方法

在设置昵称时，应从以下五个方面做起：

### 1. 不要使用表情符号

抖音的昵称设置，不支持添加表情符号，昵称中的表情符号更多地源于手机上的输入法。因此，不同型号、不同品牌的手机，不同的输入法中的表情符号也是不同的，为了更多地吸引用户关注，方便用户输入昵称搜索，在昵称中就不要嵌入表情符号。

### 2. 优先考虑复词

测试表明：复词、复字的使用能有效地加深用户对昵称的记忆。因此，设置昵称时，最好采用复词复字。当然，前提条件是，昵称的字数不能超过6个字。昵称太长，不方便在手机页面完整地显示；字数越多，用户的记忆成本越高。

### 3. 少些输入法的切换

输入法在中英文、大小写之间的来回切换，只能增加用户输入时间成本，操作起来还容易出错。因此，昵称设置时应尽量少一些输入法的切换。另外，用中文作为昵称，可以吸引更多外语水平一般的粉丝关注。

### 4. 与常见的事物相关

比如，常见的动物、植物、蔬菜、水果、俗语、同音字等。当然，也可以是常用俗语的篡改。

### 5. 简单方便即可

昵称，一定要简单，准用户一眼就能看懂你是干什么的，如此，大家才会持续关注。

## 有"背景"才更有说服力

要想获得稳定的流量，建立专属的流量领地，不仅要耐心打磨内容，还要重视主页背景图的设置。

### 主页背景图设计的方向

确定账号定位后，首先要做的是抖音账号的包装，比如名字、签名、背景图设计等，都是粉丝第一眼能看到的。细节决定成败，特别是主页背景图的设置。

背景图是一个非常好的广告位，能突出账号的定位，给用户提示，还能提升关注率和转化率，是直接展示账号定位和品牌调性的地方。利用好这张

图,就能轻松提升粉丝数量。在设计时,要重视以下几个方向。

### 1. IP图,加深个人印象

IP图适用于打造个人形象IP,能够加深IP在用户心中的印象,成为抖音号的代言人。

如果以团队形象出镜,使用团队合照,会让团队迅速提高认知度。

如果设置的是关于宠物的抖音号,则可以直接使用萌宠照片。

### 2. 补充介绍,加深方向

主页背景图是用户点进主页时最抢眼的部分,充分利用它可以进行重点二次介绍,深化粉丝对IP的认知印象。比如,"时尚生活设计师""抖音最会花钱的男人"等,这些就做到了重点突出介绍。为了加深用户的记忆点,也可以将自己的核心重要信息和引导用户关注结合起来。

### 3. 花些心思,晒出风格

打造IP图最直接的方法首先是使用乖巧可爱的头像;也可以用个性、温情的文字给用户以心理暗示,让用户关注你。

其次,可以根据账号的内容定位属性,给用户一些直观提示。比如,"关注我教你一个月瘦10斤""关注我教你变身肌肉男神"等,吸引对相关项目有兴趣、有需求的用户积极关注。

最后,可以利用背景图向其他平台导流,引导用户关注矩阵IP,为其他平台大号引流,提高用户转化率。

### 4. 有趣的纯文字

如果实在想不到更好的创意或文案,直接使用一些调皮有趣的文字,将图文设计得亮眼一些,也能引导用户关注。

## 背景设置的要点

设置背景页时,应从以下三个方面着手:

### 1. 凸显 IP 人设的性格特点

比如"多余和毛毛姐"的账号背景页,使用不同的发型和表情,彰显了视频的主要风格和标签,告诉人们该视频账号是一个男扮女装、以娱乐搞笑为主的视频账号。如此,访问者就能通过背景快速识别该账号的主导风格,快速决定是否关注该账号。

### 2. 诱导用户进行关注

要想成为一个拥有百万粉丝的准抖商,就不能单纯地追求个性,要主动引导粉丝用户关注。这种做法带来的直接益处在于:账号背景页的右下角就是"关注"按钮,相对于单调的背景页,更容易提升关注转化率。

### 3. 少些商业广告嫌疑

虽然抖音官方不排斥账号持有人在背景页插入广告,但为了提高用户体验,最好不要这样做。因为商业元素太多,不仅会降低变现效果,还会引起用户的反感,不利于账号的快速吸粉和促活,严重的还会导致用户取消关注。

# 简单介绍一下自己,让用户了解你

主页中的简介,通过文字的形式简述该账号的内容风格和优势。抖音涉及人物出镜,更有利于人物 IP 的打造。所以,主页的简介可以兼顾对人物 IP

性格的描述,吸引更多类似用户的关注,继而成为忠实粉丝。主页简介的设置,需要注意以下五点:

### 1. 给用户关注的理由

用户之所以会关注某个抖音短视频,原因有很多,比如文案走心、用户能够产生共鸣、IP和用户能够形成类似于朋友的关系。因此,要努力打造个性化的文案,将自己设定成用户喜爱的对象。

### 2. 吸引种子用户加入

在抖音上最常见的"合作加V……"方式,不仅可以吸引广告商的注意,还能将用户导入"双微"端,成为自己的"私域流量"。此外,建立种子用户群,还能为后续的电商变现提供引流入口,为后续视频内容选题的测试调研提供帮助。

### 3. 不要盲目夸大自己

在账号的成长期,没有拥有黏度极强的骨灰级忠实用户群,盲目地自吹自擂,不仅无法让用户产生崇拜感,还会让用户产生抵触情绪。

### 4. 建立自己与矩阵账号的引导关系

对于打造的矩阵抖音账号,个人简介是最直观的为矩阵账号引流的渠道。在个人简介中直接介绍与该账号有关的其他账号,粉丝重合度就会相对较高,还能产生较高的用户黏性。

### 5. 突出优势和不同

强调自己的与众不同,阐述自己的优势所在。

# 第四章 内容输出：告诉用户，你能提供什么

# 何为内容定位

不管在抖音上有多少粉丝，只要内容缺乏竞争力，粉丝就会立刻抛弃你。营销能力固然重要，忽视了内容，抖音号也会很快过气。

1. 何为内容为王

真正的"内容为王"主要包括以下三个方面的内容：

（1）内容的数量。如果想长远发展，只靠一两个爆款视频还远远不够，爆款视频只能用来打开知名度，不能保持抖商的长久知名度。所以，一定要持续地进行内容更新，累积视频数量。

（2）内容的专业性。立足于某一专业领域，专心服务于目标粉丝，才能在抖音上立足；没有优质专业的内容，迟早会被抖音平台和粉丝淘汰。

（3）内容的原创性。在抖音平台上，只有原创内容，才能吸引用户关注。

2. 做好定位内容

所谓定位内容，是指与抖音账号定位相匹配的内容。在运营抖音号前期，首先，要摆正账号的功能定位；之后，要通过内容来强化定位。如果内容与定位不符，发布的视频内容与账号定位无法连接，就要看看对手是如何做的了。

知己知彼，百战不殆。所谓知己就是，对自身抖音账号的视频进行分析，重新审视抖音账号定位：哪些符合自身定位，哪些不符合自身定位？而知彼是指，对同类抖音账号的视频进行分析：通过对大号的分析，知道他们是如何处理发布视频和功能定位的；通过对小号的分析，找出两者在处理时不合理的地方。

优秀的抖音视频的内容，一般都具有两个特点：

（1）可看性。所谓可看性就是，视频内容吸引人，具有观看价值。要做到这一点，就要真正切合粉丝心理，明白粉丝想要什么，用视频内容引发他们的共鸣，得到他们的关注。

（2）调性。也就是格调，抖音号一定要有自己的风格，让粉丝能在众多抖音号中一眼就看到你，且立刻能想到你是做什么的。

### 3. 蹭热点要找好角度

许多抖音账号的日常就是追热点、抢时效，比如，《嘴巴嘟嘟》这首歌火了之后，第一时间跟进的视频多数都取得了较好的传播效果；而第二天、第三天跟进的视频，效果就差了许多。所以，要想提高点击率，就要在第一时间跟进热点。

### 4. 制作内容需注意的地方

制作内容时，抖商需要注意以下三点：不要急功近利；要有一个长线式的规划方案，并坚持下去；尤其在制作电商型的内容时，粉丝流量转换一定要与内容质量直接联系起来。

# 抖音视频的内容布局

账号定位好后,接着就是做深度内容,因为什么样的定位,就会吸引什么样的目标人群。

## 账号类别归类

(1)个人展示账号。这类账号没有明确的销售属性,只是为了展示个人魅力或记录生活。比如,高品质生活、有趣的瞬间、特别的技能等。

(2)销售型账号。这类账号主要用来展现商品的稀缺特性。比如,红木手串等。

(3)服务型账号。这类账号主要提供某方面专业的知识。比如,讲解法律知识的律师账号、讲解 Office 办公知识的账号。

(4)企业账号。这类账号主要提供企业相关产品知识。比如,行业知识、产品知识、公司面貌、企业价值观等,通过视频讲解来进行品牌推广。

## 人群属性归类

明确账号类别,首先要分析目标人群、客户具有什么群体属性。其主要标准如表 4-1 所示。

表 4-1 目标人群属性归类标准

| 标准 | 说明 |
| --- | --- |
| 性别属性 | 产品的客户群体是男性或者女性要区分展示,针对男性客群进行价值观、细节、材质、荣誉方面的理性展示,针对女性客群以感性方面的展示为主 |
| 年龄属性 | 产品的使用群体的年龄段分析,根据客户往期的购买数据进行分析,即可得出年龄属性,进行针对性分析 |
| 学历属性 | 产品的使用群体是何种学历,比如初等学历、中等学历、高等学历 |
| 地域属性 | 产品是否具有地域性,比如针对广东客户群,采用广东群体的某些共性,用广东俚语、粤语知识、广东地方特色引发客户的共鸣 |

## 内容布局

抖音的内容布局涉及三个方面的内容:账号视频布局、单个视频布局和系列视频布局。

## 布局标准

抖音内容的布局,要坚持三条标准:人群基数要大、涨粉速度要快和变现能力要强。

# 选择合适的内容类型

对于抖音平台来说,抖音账号定位越垂直,账号权重越高。如果第一天

发童装视频,第二天发美妆视频,两天后又发美食视频,这样做不仅无法吸引垂直领域的粉丝关注,还会降低账号权重。明确的抖音账号定位,不仅有助于快速涨粉、快速引流,还能够快速变现。要牢记,抖音账号定位越精准,粉丝就越精准,变现就越轻松,获得的精准流量也就越多。

那么,抖音账号定位的具体方法如何?

如果你没有漂亮的外表,没有有趣的灵魂,拍不出神反转的搞笑段子,就可以结合自己的职业、兴趣爱好以及个人特质来确定定位。想一下,自己能否教别人点什么,比如健身、养花、绘画等。实在没有头绪,就直接选择个自己感兴趣的领域。

抖音里的热门内容主要分为五个大类:

(1)颜值类。比如,小哥哥、小姐姐、萌娃、萌宠等。

(2)才艺表演类。比如,技术流、舞蹈、手工、唱歌等。

(3)兴趣类。比如,健身、动漫、美食、美妆、情感等。

(4)教学类。比如,母婴知识、亲子知识、英语、创业、考试技巧等。

(5)名人类。比如,主持人、演员、明星、名人、网红、歌手、认证企业等。

# 有效收集素材,合理利用

## 素材收集

创作抖音短视频时如何发散思维、利用搜索挖掘的素材持续产生选题呢?

### 1. 结合热点

做抖音,要学会追热点、蹭热点。互联网时代,热点几乎天天有,尤其是影视娱乐类热点经常会成为爆点。比如,《人民的名义》大火时,汽车娱乐星球就从剧中人物的座驾入手,蹭了一波热度,在《天天快报》上的播放量达到320万。

此外,还可以从网络流行元素的角度切入。比如,表情包、测试等内容形式都自带流量,传播速度快,容易火爆。

### 2. 在粉丝和用户中产生

抖商不是用户,没有实际体验,很难真正了解用户需求。其实,要想解决这个问题,还可以通过很多渠道。比如,知乎、悟空问答等。只要平时多关注这些渠道,就能发现更多的用户问题,把问题作为内容的选题储备,就能输出内容,直击用户痛点。

### 3. 建立选题库(日常积累)

做抖音切忌缺乏章法,一定要建立一个选题库,平时只要看到好的选题,就直接写进去。

选题库每周整理一次,建立一个标准的工作流程,效率会高很多,不会再出现题材枯竭的绝望。

### 4. 行业资讯/大咖

用户都非常关注最新的行业资讯或大咖观点,尤其是涉及最新政策类的内容。

### 内容素材的收集

抖音短视频内容素材，可以通过以下途径收集：

#### 1. 各类新闻

要想让自己的视频有特色，就要及时关注实事新闻，多浏览新闻类网站或电视节目，比如：头条号、搜狐、网易、微博等网站，这上面每天都会发布一些热点新闻。当然，即使某些新闻不是热点，也要注意收集起来，以供将来不时之需。

#### 2. 热门影视剧

互联网时代，影视娱乐类热点经常会成为爆点，因此平时要多关注经典电影和电视剧，尤其是比较经典的剧情。比如：2017年电视剧《人民的名义》热播，汽车娱乐星球瞄准剧中人物的座驾，紧跟热度，做了宣传，结果在《天天快报》上的播放量竟然达到320万。

#### 3. 各类段子

时下网络上有很多段子，或诙谐，或幽默，或引人深思，或给人启迪。这类段子一般文字少，篇幅小，不用花费多长时间就可轻松阅读，最容易打动人。平时多注意收集这类段子，并运用到抖音视频中，也能将用户吸引过来。

#### 4. 问答社区

抖商不是用户，无法真正了解用户想要什么、需要什么。但这类内容，一般都会直接呈现在问答社区中，比如：知乎、悟空问答等。平时多关注这类社群，将问题集中起来，作为内容储备，就能直击用户内心，为用户解决问题，受到用户的欢迎。

#### 5. 行业资讯

日常生活中，人们一般都比较关注最新的行业资讯或大咖观点，比如：

教育类、养生类、家居类、养车类等，且对他们的观点易形成依赖。因此，做抖音就要多关注这类资讯和观点。

## 图片素材的收集

做抖音视频，不管是封面，还是背景，都要用到一定的图片。这时候，最好找一些高清免费的图片。因此，不仅要检索"百度"，还要接触更多的图片网站，这些网站中往往储藏着海量的图片资源。这里给大家推荐几个，如表4-2所示。

表4-2 图片网站推荐

| 图片网站 | 说明 |
| --- | --- |
| 摄图网 | 该网站拥有大量的高清图片，种类繁多，风格多样，用户每天都能免费下载一张高清图片，如果想做抖音封面图，完全就可以根据需要选择合适的尺寸，直接下载。不过，如果需要的图片比较多，想要下载更多的图片，就要充值会员了 |
| Pixabay | 该网站一共汇聚了70多万张高清图片，不仅可以用中文检索，还支持其他20多种语言的检索服务。在该网站上，可以免费下载高清图片、插画、矢量素材和视频；缺点是，页面加载速度比较慢 |
| Kisspng | 该网站主要提供透明背景的免费PNG图像素材，如果想找免抠素材，完全可以直接到这个网站来。此外，在该网站上，还有可爱的emoji、时下流行的vlog，加到抖音视频中更会显得趣味十足 |
| 别样网 | 该网站是一个大尺寸免费图片社区，图片质量高、无版权、无水印。这里汇集着全球众多高质量图片，是一个不可多得的素材地 |

## 音效素材的收集途径

这里所说的音效，既包括音效素材，也包括音乐素材，具体来说：

1. 音效素材

比较有名的网站有：

（1）爱给网。该网站音效库比较全面，素材都可以免费下载。在这里，能够找到不同的有趣声音，例如：风声、雨声、雷声，以及键盘声、科幻配乐等。试听后，如果喜欢，只要点击下载即可。

（2）站长素材。该网站是国内比较有名的素材下载网站，收藏着很多复杂的环境声，或热门的抖音音效，可以免费下载，但不能商用。除了音效外，这里还有图片、3D模型、PPT模板等实用素材。

2. 音乐素材

如果想找音乐素材，就要多留意以下几个网站：

（1）耳聆网。该网站是国内最专业的声音分享平台，是专业录音师和业余声音爱好者的聚集地，声音资源云库庞大，授权使用机制完善，如果要创作背景音乐、设计场景等，都可以从这里得到支持。

（2）FreePD。该网站汇集着海量的音乐资源，比如：科幻、民谣、电影、爵士、琴等。此外，还有很多无法分类的音乐资源。做抖音视频，完全可以到这里寻求帮助。

（3）音乐剪辑软件。音乐辑软件中的音乐，种类繁多，可以自由选择，是个值得信赖的信息源。

## 特效素材的收集途径

为了让抖音视频更吸引人，离不开特效的运用。要想选取特效素材，就要留意以下几个途径：

1. 自带的特效素材

抖音平台本身就带着一些小特效，拍摄时可以直接使用，比如：转场、开幕、动感等特效素材,以及控雨、烟雾、地裂等特效包。

2. 视频 DIY

该免费视频素材网站,内容全面,集中着不同类型的特效场景,多数素材是免费的。

## 各类素材的搬运

事实告诉我们,只要素材处理得当,即使是搬运过来的素材,同样也能成为热门。如今,各短视频平台争奇斗艳,素材搬运依然是抖商新人必走的一段路。如果想做抖商,又不知如何入手,就可以尝试着做做"搬运工"。素材搬运的过程具体如下:

1. 前期准备

首先,要到抖音上注册一个账号,明确自己要做的领域。然后,准备一个下载器来下载素材资料。最后,还得准备一个视频编辑软件。

2. 挑选素材

确定好涉足的领域后,到各大平台寻找相关素材,遇到合适的,就进行下载。需要注意的是,不要将注意力集中在播放量太大的视频素材上,因为这些素材早就被别人搬运过了,播放量最好是十万或以下的;同时,要特别关注近期发布的、粉丝数比较少的、高清的素材。

3. 下载素材

将素材的链接粘贴到下载软件里,下载并保存到电脑上。

4. 处理素材

下载后的素材,不能直接使用,要进行一定的加工。具体方法为:修

改素材封面；改变内容时长；添加水印，添加自己的名称；修改片头片尾和帧数。

### 5. 设置一个好标题

好标题可以为视频增色不少，更能给用户留下悬念，吸引人们的关注，因此要多下功夫。

### 6. 视频配图

设置好标题后，要选择合适的图片进行搭配，凸显亮点。

### 7. 及时发布

要想提高抖音视频的吸引力，就要紧跟原作者的发布时间。

## 原创内容更具吸引力

只有拥有原创力，才能比别人拥有更多粉丝用户，获得更多关注，长期稳定地运营下去，不能一味地搬运或模仿，原创才是王道。

"萌芽熊"的企业号，抖音内容全部都是原创。原创内容是萌芽熊捡到一枝被丢弃的玫瑰花，放到水中养着，安慰它、鼓励它，最终让它恢复生机。目前，粉丝量已经达到8000多万。

这个剧情比喻的是，人们在黑暗中遇到关心自己的人，重新得到光明，恢复了自信。

比起其他方式，原创的利润高，没有风险，成功的机会大。因此，一定要重视内容的原创性。

## 1. 原创内容的定位

要想做好原创内容，首先就要做好定位。所谓定位就是选一个什么样的受众，去做什么样的视频内容。

现在，抖音内容大致可以分为两种。一种是大众娱乐内容，如唱歌、跳舞、搞笑等，喜欢看这类内容的粉丝，观看心理都是"我很喜欢你"；另一种是细分垂直类，如各行各业的知识点、技能分享等，喜欢看这类内容的粉丝，观看心理是"我想成为你"。细分垂直类的粉丝不像大众娱乐类的粉丝规模那么庞大，但粉丝的黏性和关注度更高，认可度和粉丝转化率同样如此。

## 2. 原创内容的突破

坚持做原创内容是许多抖商遇到的难题，原因有三：一是因为期待的东西与制作出来的成品存在许多差距；二是资金不足以支撑持续的原创内容输出；三是选题难，没有新意。那么，如何才能解决这个问题呢？

要想减少期待的东西与成品之间的差距，就要不断打磨自己的作品，精益求精，不能急功近利，不要~创作出新内容就发布到平台上。既然资金不足，就要做好变现工作，具体方式有：接广告、卖货、接代言等。要想增加选题量，提高新意，就要看看受众是否愿意跟你互动，站在粉丝的角度考量选题是否容易被接受。

## 3. 利用新闻热点做原创

每天都能看到各种新闻，将时事热点利用起来，就能做成更能吸引粉丝的注意力的原创内容。原因有二：一是新闻事件可以引起更多人的关注；二是可以利用热点来增强内容的原创性，获得超预期的粉丝访问量。

比如，有一段时间网友们非常关注"塑料姐妹花"的话题，有人专门在抖音发起了这个话题，邀请粉丝参与。参与这个话题的人都获得了不小的热度，抖商也可以学习这个方法。

4. 扩展思维方式，寻找新思路

思维方式有很多种，比如逆向思维和发散思维。只要换种方式思考问题，就能取得完全不同的结果。所以，抖商在创作内容时，不能只用一种眼光去看问题，要从多个角度去思考。如此，才能保证问题的完整性，全面地看待问题，诞生更多的原创素材。

## 内容输出的四大"心法"

为了引流，如今越来越多的人加入了抖音，平台上成功引流者也不在少数。他们投入巨大的资金和人力，每天都换模板、换外景、换剪辑，其实最好的引流方式就是找模板。

### 搬运法

关于搬运法，前面已经做了简单介绍。所谓搬运法就是，把其他平台上的视频内容搬运到抖音上。这种方法简单易操作，如果平台监管不太严格，就能迅速吸粉。那么，如何搬运？

（1）从其他视频网站、国外视频网站搬运。不过，在选择搬运国外视频时，要考虑是否符合中国受众的口味。

（2）从微信、微博搬运。关注人气高的公众号，将微信爆款内容搬运到抖音上。

（3）从电影、电视剧里搬运。把较受关注的情节剪辑一下，搬到抖音上。

（4）从名人、明星处搬运。特别是偶像明星，其一举一动都会引发粉丝的关注，搬运他们的视频，就能成功吸引这些明星粉丝。

## 模仿法

模仿法的好处有三：第一，能够快速融入抖音；第二，创意来源多样；第三，可以增加植入，提升视频相关性。

抖商可以从以下两个方面进行模仿。

### 1. 针对模仿

寻找目标的账号、IP，对经典桥段进行分析，看看它们是否已在抖音火爆。如果没有，就模仿拍摄一个。比如，抖音昵称为"须臾"的主播就曾发起过一个《学猫叫》模仿，许多人跟着跳了《学猫叫》的舞蹈，最终获得了358万点赞，以及1.6万的评论量。

### 2. 随机模仿

看到火爆的视频，可以模仿拍摄一个。

## 扩展法

场景扩展法是指，明确目标粉丝后，围绕粉丝关注的话题，迅速找到更多内容方向。比如，目标粉丝是25~35岁的年轻人，可以按照以下方式进行扩展。

首先，以年轻粉丝为核心，列出8对核心关系，再以8对关系为核心，列出8个常见的、最有冲突的沟通场景。

其次，在8乘以8等于64的场景上，为每个场景设计3段对话。

最后，根据目标粉丝群，得出第一层核心关系：父母、孩子、好友和同事。在这4个核心关系中，还会衍生出第二关系：爷爷、奶奶、叔父、伯母，孩子的朋友、老师，普通朋友。

围绕与孩子的关系，进行第二层扩展，就可以得出以下4个场景：家庭、上学、出游和购物。之后，在4个场景的基础上，再扩展出4个场景：家教、拍照、给孩子买东西，以及做家务。

针对8个二级场景，为每个场景都设计3段对话。比如，家教辅导作业的对话；吃饭方式的对话；礼貌用语的对话。角色之间的冲突关系都会在场景中有所体现，然后再为这些内容寻找素材创作。

## 代入法

所谓代入法就是，在抖音上找一个爆款视频，按照它的方式制作一个。具体操作要点有三：①画出顾客的接触路径；②找到15秒的竖屏冲突场景，做出"画框"；③在"画框"里，更换背景、场景、人物，代入各种"创意操作"中。比如，卖房子，可以提炼出哪些场景呢？

首先，构建一个场景"画框"，让团队在该"画框"内不断地代入各种元素，轻松地把创意复制进去。

其次，场景构建。比如，街头发传单、电话邀约、带顾客看房、询问讲解、价格谈判、成交签约……最终评判出哪个场景最符合15秒的冲突场景。

最后，代入创意。比如，如何发传单？如何邀约顾客？如何接待顾客？如何询问讲解？

爆款标题成就爆款视频

标题和文案是抖音短视频的灵魂和骨骼，尤其是对非歌舞类的抖音账号来说，视频的拍摄本身就是围绕视频的文案脚本进行的。将文案用视频表演的方式展现出来，就能勾起粉丝的兴趣点。

1. 爆款标题

视频制作中涉及的标题共有两种：第一种，视频发布时编辑的标题；第二种，视频封面的标题。这里，重点说一下第一种标题。

视频发布时编辑的标题承担着引导作用，设置标题时，并不需要过多地阐述视频内容本身是什么，要侧重于努力引导用户进行互动。对于标题的把握需要从以下几点出发。

（1）精简地表达，跟内容有一定的相关性。

（2）用"我"提问。比如，"惠子 ssa"的视频标题会直接问："你们喜欢什么样的女朋友？"加上惠子在视频中的表现，自然就容易吸引用户的评论互动了。

（3）故意引导和故弄玄虚的标题很简单，却能吸引用户的好奇心，让他们反复观看和评论，得到了短暂爆红的效果。

（4）标题留有悬念和小争议，往往更能吸引比较高的评论和点赞；用户会反复观看，还能提高完播率。

除此之外，在标题设置上还有以下要求：

（1）幼稚化的文案。在抖音上，最受欢迎的就是幼稚化的文案，因为这种文案往往极具喜感。太过高深的标题让人理解有难度，无法获得用户的互动。

（2）脑洞大开的文案。这样的文案，能让视频极具看点。同时，借助标题的引导，又能给用户留下足够的吐槽空间和想象余地。

（3）接近原型性格。标题要接近目标用户的原型性格。比如，电商教程类的视频，就不能用过于娱乐化的标题；娱乐内容不适合严肃认真的标题。

2. 爆款文案

文案是视频内容的骨架，其优劣决定着视频能否成为爆款的核心。

2018年的"成都小甜甜"视频，文案的精华就在于被采访者对男朋友的标准只是"能带我吃饭就好了"。这种文案对于巨大压力的抖音中青年男性用户来说，完全就是一股清流，"成都小甜甜"自然也就成了想象中的女朋友。

3. 引导型文案

引导型文案主要出现在视频结尾，用来引导用户的某个具体的行为，起到补充作用。比如，常见的"觉得我好看的双击旁边的小爱心吧""加关注，每日更新"等视频结尾，都是在引导用户进行互动。那么，视频中最适合什么样的引导文案呢？

（1）点赞优先。最好的方式是点赞优先，视频只要能上"热门"，就会滚入更多的流量池，自然就能提高关注量。

（2）只要视频能戳中用户痛点，自然就能引发用户转发。通常，视频的评论和转发基本一致，多数情况下评论比转发要多，但爆款视频则是转发多于评论。

# 抖音的热门内容

抖音的具体视频内容主要包括以下几类：

## 1. 颜值高的帅哥美女

在抖音平台上，美是第一生产力，颜值就是最好的营销利器。抖音的主要用户以 24 岁以下的年轻女性为主，她们都喜欢长得好看的"小哥哥和小姐姐"。当然，不只是美女和帅哥，只要是看起来很美的东西，都可以拍摄下来，比如，美食、美景等。

### 2. 搞笑有趣的段子

抖音上的搞笑段子内容多数都来源于生活，与普通老百姓的生活密切相关，让人倍感亲切，就像自己周围发生的事。另外，这些搞笑段子短视频的内容包含面非常广，观众不容易产生审美疲劳。

比如，"陈翔六点半"就是一个专门生产各种搞笑段子的短视频大 IP。该视频用电视剧高清实景的方式来进行拍摄，剧情夸张，形式幽默，时长不超过 1 分钟。从上线至今，播放量已经达到 60 亿。

### 3. 才艺高手表现

才艺，不仅指唱歌跳舞，只要是自己擅长的技能，都可以叫作才艺。比如，美妆、乐器演奏、相声、脱口秀、口技、书法、绘画、驯兽、手工、射击、杂技、魔术以及即兴表演等。秀出自己的独特才艺，秀出与众不同的想法，就能快速上热门推荐。下面，我们就来看看抖音"大 V"是如何操作自己的才艺内容的。

（1）演唱才艺"摩登兄弟"。"摩登兄弟"的主唱"宁哥"，不仅长得帅气，唱歌也很好听，还曾经登上"我是歌手"的舞台，音乐实力非凡，吸引了很多粉丝的关注。"摩登兄弟"能歌善舞，热衷于表演，在直播和短视频中找到了广阔的发展空间，带动视频中的城市走到大众面前，成为年轻游客的"打卡地"。

（2）高超厨艺"麻辣德子"。2019 年，"麻辣德子"凭借"硬核"烹饪的高超厨艺，创下了连续两个星期涨粉破 300 万的纪录，被誉为"全网最有礼貌的厨师"。

### 4. 恶搞和模仿

要想做出爆款内容，也可以运用逆向思维，制造一些反差，创造一些新意。举个例子：

"老王欧巴"是一段短视频作品，由一对非常逗趣的父子拍摄，内容都是父子之间发生的有趣小段子，父亲老王 53 岁，儿子 21 岁。

"老王欧巴"的走红源于一支风靡抖音平台的"爱情恰恰"舞，表演者就是这对父子。这段舞蹈视频只有 15 秒，虽然父亲的舞技拙劣、眼神茫然、动作不协调，远不及儿子，但就是这样的表现创造了一种"反差萌"，吸引了众多观众。

### 5. 创意、特效视频

在各种短视频平台上，有很多低调不愿意露脸的"大 V"，他们主要靠创意来取胜，灵感大多来源于微信公众号。

首先，"抖商"可以多关注一些经常出爆款内容的公众号，直接拿过来当作自己的编辑素材；也可以利用发散性思维添加自己的创意，在抖音上以最快的速度火爆起来。

其次，抖商也可以举办一些"技术流"的挑战赛，鼓励用户追求高品质内容。

最后，用户可以给短视频添加一些小道具，让画面更可爱、更有趣。

### 6. 美景、旅游分享

在抖音上分享美景和旅游风光的短视频，能够激起大家"说走就走"的心灵共鸣，让人们产生心理上的满足感。

"抖音同款"为城市找到了新的宣传突破口，在短短的 15 秒视频中，每个具有代表性的吃食、建筑和工艺品都被高度提炼，配以特定的音乐、滤镜和特效，进行重新演绎，呈现出了超越文字和图片的感染力。

比如，厦门鼓浪屿跟着"土耳其冰激凌"在抖音上火了很长一段时间，游客不仅可以跟网红土耳其帅哥玩耍，还能留下自己在鼓浪屿的美好回忆。很多人之所以要购买"土耳其冰激凌"，并不是为了尝试冰激凌的味道，而是想体验购买冰激凌的过程。

### 7. 突出一个"萌"

（1）萌妹子。这类女孩一般都娇气、傲娇、娇蛮、温柔、害羞、"治愈"、"天然呆"等，能够唤起人们的爱护欲和保护之情；她们身材性感迷人，造型甜美，很受宅男的欢迎。

（2）萌娃、萌装扮。"萌娃"往往都自带闪亮光环，不管是年轻人，还是老人，抑或是可爱的小宝宝，都喜欢这种"萌娃"。当然，还可以用可爱的人偶、布娃娃和装饰物等装扮，吸引大家的关注。

（3）萌宠。宠物本身都可爱至极，很多人都愿意养宠物。家里只要有可爱的小狗或小猫等宠物，就可以将它们在生活中可爱好玩的情景拍摄下来。常见的可爱的萌宠有小猫咪、小狗和小猴子等。

### 8. 推崇正能量

在网络上总会看到"正能量"这个词，这是一种积极的、健康的、催人奋进的、感化人性的、给人力量的、充满希望的动力和情感，是社会生活中积极向上的一系列行为。只有主题正能量、品质高的短视频内容，才能真正为用户带来价值。

（1）正能量语录。"一禅小和尚"抖音号通过网络动画的形式记录了小和尚和师父的日常生活，在搞笑或温馨的生活中，领悟人生的真谛。"一禅小和尚"在各平台上都有一大批忠实粉丝，实现用户变现更容易。

（2）正能量角色。首先，环卫工人、公交车司机、外卖骑手和快递员等，这些社会职业都属于正能量角色。其次，也可以用短视频分享一些发生在身边的正能量事件，比如乐于助人、救死扶伤等。

### 9. 炫耀技能

打造抖音内容时，可以专注一件事，然后把这件事做到极致，就会带来良好口碑，形成广泛影响力。

炫技能的短视频内容，无论是在抖音，还是在西瓜视频，或在其他的视频平台，都有很好的播放量。

# 第五章

## 视频展示：让用户更直观地认识你

## 掌握录制视频的步骤

关于录制视频的步骤，我们就以简单的随手拍为例来说明。

### 第一步：选择背景音乐

对于音乐短视频，背景音乐不能少，其甚至能够影响到拍摄视频的思维节奏。那么，从零开始拍摄，需要进行哪些具体操作呢？

步骤1：在拍摄界面顶部找到并点击"选择音乐"按钮，跳转到"更换配乐"界面；点击"更多"，打开完整分类；选择所需分类，如"生活"。

步骤2：进入类别详细菜单，看到各背景音乐的名称和时长，找到并点选自己需要的背景音乐；也可以点击音乐右侧的"五角星"按钮收藏，以便下次使用。

步骤3：找不到合适的音乐时，在"搜索栏"中键入关键词进行搜索，并重复上述步骤。

步骤4：找到合适的音乐，点击录制窗口右侧的"剪音乐"按钮，进入音乐剪辑。时长超过15秒录制上线的音乐，拖动黄色按钮，就能选择需要的部分；点击对钩符号，就能完成剪辑。

### 第二步：确定拍摄的模式

确定好音乐后，要选择拍摄模式。从快门的选择上来说，可以分为三种模式：拍照、单击拍摄和长按拍摄，可以满足抖商的不同拍摄需求，如表5-1所示。

### 表5-1 快门选择的三种模式

| 模式 | 说明 |
| --- | --- |
| 拍照 | 这里的拍照，并不是短视频拍摄，只是单纯的拍照。具体过程是：在窗口底部滑动选择"拍照"，当"快门"按钮变为白色时进入拍照模式。在该模式下，可以使用所有道具，但不具备动态效果。此外，音乐、特殊快门等功能都处于不可用状态，只能切换前后摄像头，选择美化效果<br>这种拍照模式，借助抖音的道具和滤镜，多数被用于自拍；取得的成品会被保存和发布，也会打上"照片"的标签，不会在推荐页出现，只能通过主动关注和搜索账号才能被看见 |
| 单击拍摄 | 该模式同样在窗口底部滑动选择，是最常规的一种拍摄模式。只要点击一次红色"快门"按钮，就能进行连续拍摄，直到15秒后或再次点击"快门"按钮暂停<br>拍摄过程中，可以使用所有的道具、镜头特效以及背景音乐<br>这种方法适用于拍摄连贯性强的镜头，通常选择"一镜到底"，几乎可以满足所有视频的拍摄需求<br>此模式的"快门"只具有"暂停"功能，在拍摄过程中如果需要暂停，只要再次点击"快门"按钮即可 |
| 长按拍摄 | 长按拍摄是比较特殊的一种视频拍摄模式，有着极强的操控性。具体方式是：滑动选择此种模式，按住"快门"按钮，进入拍摄，松手则停止。这种方法更有镜头感，适用于多段拼接的拍摄 |

## 第三步：开始拍摄短视频

按照拍摄的主题，可以分为三类拍摄：动物、静物和创意。每种主题都有不同的镜头、距离和手法。只要掌握了拍摄技巧，就能为之后的复杂拍摄打下良好的基础。

### 1. 动物拍摄

这里的"动物"可以简单理解为自身会动的主体，比如人、宠物，甚至街道的车水马龙。这种拍摄需要展现主体"动"的特性，自然也就需要固定镜头。最为典型的是，展示歌舞等才艺时，如果镜头频繁换位，不仅会因抖动破坏画面，还会引发主题不明确、线索不清晰等问题。

通常，用于固定镜头的器材主要有三脚架、手机支架和自拍杆等。当然，对于自信手稳的抖商来说，手持拍摄问题也不大，毕竟时长有限。

解决了镜头固定的问题，还要调整角度和距离，也就是所谓的构图。

（1）按角度可以分为三种：俯角、仰角和平角，如表 5-2 所示。

表 5-2　三种拍摄方法说明

| 拍摄方法 | 说明 |
| --- | --- |
| 俯角拍摄 | 这种拍摄方式可以展现主体的娇小可爱，拍摄猫狗等宠物、小孩子和较小的女生等单个主体时，可以使用这种方法。但要控制角度，比如，拍摄宠物和小孩时，可以采用60°~90° 俯角；拍摄成年人或大型宠物时，角度需要控制在30°~45° ；角度太小，会显得矮小或臃肿 |
| 仰角拍摄 | 这种拍摄方式可以用来放大主体的局部特征，比如修长的双腿、伟岸的气质，在拍摄大型动物、模特、团体时，可以使用这种方法。当然，仰角不要超过30° ，否则会导致画面比例失真，或整体构图不协调。当然，对于某些特殊主体，也可以90° 平躺仰角拍摄 |
| 平角拍摄 | 这种拍摄方式需要注意的地方有：第一个是视平线，拍摄主体不管是什么，都要与其保持相对平齐的高度，拍摄者只要采用下蹲、垫高等借位的方式就能实现；第二个是聚焦，最好将主体放在屏幕中央位置或左右3/4处，否则会造成主体不明 |

（2）距离，即远近景。远距离通常用于展示全貌、多主体。比如，多人舞蹈、城市的车流等。近距离通常用于展示细节、单主体。比如，人物半身、弹奏吉他时的手部细节等。

2. 静物拍摄

通俗地说，视频与照片的区别就在于动态与静态的主体，再加上一动不动地拍摄，会让照片失去意义。静物拍摄的构图原理与动物拍摄没有什么不同，只要让镜头动起来即可。

（1）拍摄者的位移。这是最简单的方式，通过旋转或水平位移，让自己动起来，从各个方位和角度来展示静物的全貌，或制造连续的镜头效果，主要分为两种位移。

①旋转位移。多数被用于单个主体的拍摄，比如树木等，可以通过旋转，制造出主体的立体感，让主体变得丰富起来。

②水平位移。就是由远及近或由近及远，比如拍摄桥梁、道路等，可以通过移动，让主体变得更有空间层次感。

（2）借助参照物。简而言之，就是借助镜头中移动的物体进行拍照。比如，远去的火车、走来的人群等。需要注意的是，不要让参照物始终都停留在15秒的镜头内。比如，拍摄铁路，要抓住火车从有到无的过程，而不是从近到远。

3. 创意拍摄

很多创意都不需要花哨的特效，只要利用暂停和镜头转换，就能实现。比如，物体消失的小魔术，先展示了物体；再通过按暂停键，将物体移除到镜头外；再次暂停，就能将物体重新移进来……这样重复几次，创意就完成了。

## 第四步：预览并选择保存

抖音支持对拍摄完成的视频进行预览和保存，如果对作品不满意，可以先保存为草稿，再进行修改和重录，直到选出自己最满意的为止。那么，究竟如何对作品进行预览和保存呢？

步骤1：完成拍摄后，屏幕右下角出现"叉子"和"对钩"两个按钮。点击"叉子"按钮，可以删除当前拍摄的视频；点击"对钩"按钮，可以进入下一步，即预览界面。

步骤2：在预览界面，拍摄完成的视频会被循环播放，可以反复查看，对其进行修改；点击"下一步"按钮，就能进入保存和发布页面。

步骤3：在保存和发布页面，拍摄的视频默认被保存到本地，只要点击"保存本地"，就能将其取消。如果决定暂不发布视频，还可以点击"草稿"按钮，将其保存为草稿。

步骤4：被保存为草稿的视频可以在个人主页中进行查看，点击预览页中的"本地草稿箱"打开，就能对该视频草稿进行编辑与删除。被保存的草稿可以再次进行编辑。

## 第五步：发布你的短视频

将视频修改到自己满意之后，就可以在发布页面发布视频了。这时，需要注意标题、提醒和可见范围等元素。

### 1. 标题

视频的标题并不是简单编辑一下就可以了事，抖音短视频被看到的两种方式分别是平台推送和主动搜索，这两种方式都离不开关键词。标题是视频的核心关键词，平台会根据视频的标题分门别类进行精准推送，而用户也热衷于搜热搜词。

对视频标题的一般要求是常用易搜、分类精准、覆盖广泛。

（1）常用易搜。词汇尽量简单不复杂，要选取日常生活用词，避免生僻词。

（2）分类精准。对视频内容进行定位，比如舞蹈、卖萌、搞笑等。

（3）覆盖广泛。将词汇编辑为多段，比如手势舞、宠物卖萌等，关键词越多，覆盖面越广。

2. 提醒

要想让自己的视频迅速积攒人气，离不开好友的支持。只要点击"@好友"按钮，就能进入"召唤好友"列表。当然，点选想要提醒的好友不能太多，一般不要超过3个，以免造成标题栏的混乱。

3. 可见范围

在积攒人气的阶段，自然是让越多的人看见越好。但是，并不是所有拍摄视频的抖商都是为了人气，也有不少是为了娱乐。这种情况就可以选择"好友可见"，只让与自己互相关注的朋友看到视频。另外，如果拍摄视频只想记录生活的点滴，不想分享给其他人看，就可以选择"私密"。

设置的方法很简单，在发布页面点击"谁可以看"一栏，进入详情页面，点选自己所需的可见范围，即可完成。

# 做一次成功的剪辑

拍摄是抖音短视频制作中最简单的环节，想要取得炫酷的视觉效果，就要重视后期剪辑。没有浑然天成的拍摄，只有用心良苦的剪辑，抖音是集视频拍摄和剪辑于一体的软件，如何才能完美剪辑呢？

## 有空白：音乐长度可剪切

音乐剪辑需要注意些什么呢？

### 1. 剪取区域

整个区域可以分为4个模块：总进度条、起始位置、已选进度条和总时长。

（1）总进度条。进度条的"波纹起伏"不是根据声音的大小或高低而形成的可视化起伏，而是抖音的固定模板。抖音并不支持"看声音起伏"来进行精确剪取的高端操作，具体从什么地方开始，需要自己判断。

（2）起始位置。选中的部分从音乐的哪里开始，哪里就是起始位置。数字化的显示，能让我们更直观地看到剪取过程中的变化。

（3）已选进度条。通过与总进度条的对比，可以直观地看到目前选取的部分位于整首背景音乐的哪个位置，这也是整个区域的操作核心。

（4）总时长。总时长代表的是背景音乐的可用长度，无论总时长为多少，也只能剪取15秒。

## 2. 剪取原则

由于时间限长，背景音乐的剪取需要遵从以下原则：

（1）避免空白。之所以要进行音乐剪取，主要目的是避免声音空白。一首完整的歌曲，从开头和高潮，到转调和结尾，不可能全部都是精华，总会存在一定的声音空白或低谷。抖音短视频的节奏极快，没时间让空白部分挥霍。剪取音乐时，选好起始位置后，要听完15秒的自动播放，保障已选部分不存在空白。

（2）起调完整。不少背景音乐都不是纯音乐，存在歌词。过于高亢、突兀和不完整的起调会给观众带来不好的第一印象，在"刷"的过程中，会被直接淘汰。反观结尾，就不是那么重要了，戛然而止并不会造成多大的影响。

# 有杂音：混音大小能调节

在录制短视频的过程中，相较于画面，出现杂音是最常见的麻烦。在这个时候，要用到混音调节。在预览页面点选"声音"按钮，就能弹出声音调节区域。

## 1. 调节区域

在此区域可以看到"原声"和"配乐"两个调节项目，将多个音轨混合调节，整合输出为一个音轨的方法，就是混音。抖音默认原声与配乐音量相等。但通常情况下，在原声与配乐之间，只能有一个成为视频主导，原声只能主导教学和段子等，配乐主导则占据大多数视频类型。

（1）原声。在录制视频的过程中，通过手机麦克风采集到的所有声音，统称为原声。当然，也会混进一些杂音，比如环境音、喷麦音等。

（2）配乐。系统自动添加的背景音乐不受外界影响，不管原声如何嘈杂，都不会影响到配乐的清晰度。

## 2. 调节原声

根据主导声音的不同，混音调节，就可以选择加强或弱化其中一条音轨。

（1）能减就不增。声音调节中，要尽量避免增强声音。因为声音的增强，会放大声音中的噪点。抖音短视频基本上都是随手拍摄的，多数人都不会为了拍摄15秒的视频而特意去找一个安静的环境，甚至录音棚。再加上手机麦克风采集到的原声，音质不好。增强，只能让声音变得更模糊；同时，大于真实音量的声音，可能会引发听觉的不适。

（2）有没有都行。拍摄短视频时，不一定要选择添加背景音乐。尤其是某些教学视频，观众只有听到清晰、准确的原声，才能保障学习内容不会出现偏差。因此，录制这类视频时，就可以不加音乐。

## 不满意：多种滤镜可更换

合适的滤镜能够为视频带来更丰富的色彩。

抖音的滤镜主要分三种，具体如表5-3所示。

表5-3 三种抖音滤镜说明

| 滤镜 | 说明 |
| --- | --- |
| 人像滤镜 | 人像拍摄主要使用前置摄像头，光线不够，无法用闪光灯进行补光，人物拍摄时会显得脸部较为灰暗。点击选择"白皙""慕斯"等滤镜效果，系统就能通过对色温的调节，让面部皮肤达到增白、红润、饱满等不同的效果。肤质和环境光不同，选择的滤镜也不相同，抖商可以根据预览对各种滤镜滑动点选，逐一尝试，直到自己满意为止。色温与光线强弱关系较大，在光线充足甚至强烈时，可以选择"冷系"滤镜；反之，则可以选择"暖系"滤镜 |

续表

| 滤镜 | 说明 |
| --- | --- |
| 风景滤镜 | 不同于以人为主体的拍摄，风景通常采用他拍手法，多为户外拍摄。因此，光线不同，就会造成色差，使景物失真。风景滤镜主要调节镜头的白平衡，可以取得鲜艳、纯真等效果。风景滤镜的主要原理是，针对不同的光线平衡，让景物恢复到更加自然的状态；风景滤镜的设置手法，通过滑动点选 |
| 新锐滤镜 | 这种滤镜是，夸张地调节镜头下的对比度，得到复古、反差、单色等效果，对观众的视觉造成强烈冲击。这种镜头效果适合拍照，不太适合视频拍摄，延续性的镜头会让人感到不适 |

当然，在抖音拍摄中，多数都以人为主体，自然就少不了美颜工具。适当的美颜可以减少面部瑕疵，让视频看起来更加完美。美颜核心的功能主要有磨皮、瘦脸和大眼。

磨皮。抖音的默认磨皮指数为48，即使用户拍摄时不进行设置，抖音平台也自动进行了美颜。

瘦脸。抖音默认瘦脸的指数为60，收束的弧度使人像脸部比较自然。

大眼。大眼的效果是"放"，主要集中在额头及眼部四周，可以将弧度放大、拉宽，让人的眼睛看起来更大。抖音的大眼指数默认是60，大眼的效果并不明显，但同时使用瘦脸效果时，可以将大眼默认数值微微下调。

## 定主题：关键一帧做封面

抖音拍摄的题材广泛，创意也层出不穷。选择作为封面的图片，要遵循一定的原则。

### 1. 代表性

作为封面，一定要集中反映视频主题。可以选择最具有代表性，涵盖了

主题元素的画面。比如，制作一个物品消失的魔术短视频，用需要"消失"的物品作为封面。也可以选用视频中出现最多的画面。比如，卖萌、宠物等视频，就可以把画面中重复性最强的表情当作封面。

2. 完整性

封面图片必须完整，如跳舞、才艺展示等，一旦移动和重叠身体部位，部分内容就会失真而缺乏美感。这种封面让人看起来会觉得不适，最好不要使用。

3. 充实性

封面图不能太空，最好设定一个明确的主体，占据屏幕的3/5左右。如此，既能突出视频内容的主体，也能让封面显得更饱满。

4. 遵规守法

不能为了吸引眼球，拍摄含有暴露、色情等元素的封面；封面中含有类似内容，会被封禁。

# 视频的标题设置

标题文案精彩可以提高视频被推荐的概率，抖商可以通过提问或反问的形式来引导用户进行留言、点赞等，高评论数和赞数都可以提高视频被推荐的概率。

## 短视频标题文案的技巧

1. 激起／表达感恩形式

比如，"感谢那些一起陪伴我们长大的人"。

2. 求赞，求关注

比如，"和朋友整整拍了一夜，累死了，发完视频睡觉"。

3. 对人钦佩或敬佩

比如，"这个手工壁画终于做成了"。

4. 教程价值形式

比如，"一秒快速吃龙虾技能"。

5. 有趣描述形式

比如，"出生15天的小猫咪，一脸嫌弃的小眼神"。

6. 要同情同感

比如，"36岁生日，没女朋友，没蛋糕，晚上还得值夜班。手机充电5分钟，却找不到通话1小时的人"。

7. 互动提问类

比如，"你属于哪一类？"

## 标题核心的两个作用

视频标题的作用主要体现在以下两方面：

1. 让平台推荐到精准用户

抖音的推荐机制是"机器审核＋人工审核"，标题中领域精准词汇越高，获得的精准推荐机会也会越多。比如，写标题时，根据自己定位的领域，可以选用一些常见的行业关键词。

2. 让用户产生观看的冲动

标题内容叙述的精简性和完整性，都有助于加深用户对视频的理解，用户看到标题后，只要产生情感共鸣，多半都会在观看视频后互动留言。

# 视频文案的撰写介绍

抖音是一个短视频平台,视频是重心,文案只是绿叶。但是,一句好文案也能把一条视频推上热门。那么,抖音视频介绍里的文案是怎么得以炼成的?

## 视频的介绍文案

调动情绪的抖音文案主要分为六种类型,如表5-4所示。

表5-4 抖音文案的六种类型

| 类型 | 说明 |
| --- | --- |
| 互动 | 以疑问和反问居多,比如"你能打多少分?""有多少人觉得×××怎么样?" |
| 叙述 | 用富有场景感的故事/段子吸引人,自顾自把故事讲完,互动性较差。比如,"一个认识两年的理发师,只能在走廊里抽空吃个外卖,漂着的人都不容易啊。" |
| 悬念 | 为了获取更长的页面停留时间,制作悬念,比如,"一定要看到最后。""最后那个笑死我了,哈哈哈……" |
| 段子 | 比如,"听完这首歌,我拿出我爸的香烟,衬托出自己是个沧桑的男人。美好的画面在我妈提前回来的那一刻定格,四目相对,我并没有慌张,而是眯着眼说:'小芳,这么早就回来了?'" |
| 惊疑 | 如果说广告的目的是制造自卑感,"惊疑型"文案就是让你对自己产生怀疑。比如,"我们每天都在吃的水果,你真的懂吗?" |
| 共谋 | 人们都希望他人看到的自己,是自己希望看到的样子,如果能与Ta合谋,谁会拒绝变得更好呢?比如,"3个月从160斤减到112斤……原来我们都可以做到……" |

## 抖音文案必备要素

"点赞、评论、转发"是一条爆款视频的三个要素,视频、文案、音乐都是为满足这三个要素而准备的。

1. 视频普通 + 文案

短视频文案中的"标题党",通过揣测"算法"的空子,用相对泛泛的视频内容配以精心铺设的文案。虽然可能短期吸引用户来关注,但非原创,无法长久。

2. 视频好玩 + 文案

除了大流量主以外,"爆款"可遇不可求。在成为流量王之前,运营短视频的团队要用扎实的测试规避平台雷区,可以用复制的方法进行头脑风暴。

3. 视频很牛 + 文案

如果对视频内容够自信,文案不用取巧,拍摄团队在拍摄视频前做好短视频拍摄策划,这样才能拍出与自己预想相一致的视频。

## 明确抖音文案的流程

首先,要准备一个空白文档。详细地了解拍摄的视频信息,并分条目在文档上列出来,包括产品的功能、价钱、使用人群、具体性能、优势缺点、具体场景等。如果视频是一个故事,就要思考该故事表达的是什么、针对的人群是谁、寓意何在等。

其次,根据这些信息,从特定角度思考创意,将视频的信息转化成粉丝能够明白的文字。

至此,一篇文案就可以说是完成了。如果对文案不满意,还可以修改文字、调整语言等。

当然,文案最难的是创意。那么,怎样找到好创意呢?创造力是一种综合形式的表现,可以使用的方法有复制、转化、结合。创造力,离不开知识的积累和思考,需要在这两个方面多做努力。

## 将文案与转化率挂钩

即使了解了创作抖音文案的流程,也不一定能顺利写出点击量过百万的文案,我们还要关注文案的转化率。文案的最终目的是引流,让更多的人看到并且点赞和关注你。那么,如何才能将文案跟转化率联系起来呢?

### 1. 抓住粉丝痛点

只有抓住痛点,触动粉丝的内心,才能连接用户的情感,才能提高转化率。问题的关键在于,如何抓痛点?找痛点不能凭空想象,首先要切实了解用户,既可以把自己当成粉丝,也可以进行用户群的调查,了解目标粉丝群都喜欢什么样的视频、他们最需要解决的问题是什么等。

### 2. 营造合适的场景

只有具体的使用环境,才能让粉丝更直观地看到视频特性。比如,要想在抖音视频中展示一瓶化妆水,就要在文案中努力打造一个女性使用这款化妆水的场景,比如约会、旅行、聚会等,让粉丝直观地感受到这瓶化妆水的特性。

### 3. 给粉丝带去改变

举个例子,在抖音上有一个视频,教大家如何系出漂亮的鞋带,点赞数量高达78万,转发15万,原因何在?因为它的文案有引导性,简单的6个字"穿鞋子这么系",就给粉丝带去了一种隐性期待,即鞋带系得美。

4.做好细节描述

细节描述能让视频特性更有感染力,也能让描述看起来更加真实可信。如此,用户就能根据文字的引导,想象出视频的更多信息,更准确地权衡该视频是否有趣。

# 抖音视频的使用工具

## 道具

大家经常能在抖音短视频中看到特效丰富的视频,视频中还会出现很多有趣的道具特效。这些特效都是抖音短视频中自带的。那么,怎么在拍摄抖音短视频时添加道具呢?

添加道具方法如下:

(1)打开软件后,在界面中间可以看到一个"+"号的图标,点击该图标就可以进入下一步设置。

(2)右上角有一个"直接开拍"的功能,点击它,进入视频拍摄界面。

(3)左下角有一个添加"道具"选项,点开它。

(4)点开之后,有很多功能道具供选择。选择好道具后,就可以进行视频拍摄了。

(5)在视频拍摄过程中,选中一个道具拍完后,可以再选择其他道具继续拍摄。

## 特效

很多点赞超过百万、粉丝百万的抖商,短视频往往特效很棒,不仅酷炫十足,还结合高科技,甚至黑科技的成分,显得非常专业。

Airbnb 有一个抖音视频,文案是"初来乍到搞事情,全球民宿随心住,首次预订有礼金"。这是个营销视频,不打开,可能会觉得这只是一个普通的推广视频,打开这个视频后,就会大跌眼镜。

第一个镜头:出现一个 Airbnb 手机预订房屋的页面,页面上显示出一幢有 10 个房间的大别墅。

第二个镜头:两个年轻女孩奔跑在偌大的复古别墅的楼梯上,似乎在找什么宝藏,看上去十分惊悚。这时候,屏幕上出现一个房屋信息:房子在法国,房东是一对搞艺术的夫妇,虽然只有一个,但可以享受到美丽的巴黎风景。

第三个镜头:一位女士坐在阳台上喝咖啡,对面就是复古又时尚的巴黎风景。

第四个镜头:一个树屋挂在一棵大树上,所有东西都需要用滑轮搬运到树屋上,体验非常独特。两个男孩正在用一根绳子尝试搬运行李到树屋上。

第五个镜头:这是一座度假别墅,拥有超大豪华的天台游泳池。在这里,可以观看最美日落。

第六个镜头:影视明星彭于晏正在房子里吹海风,欣赏着落日。

第七个镜头:出现了"Airbnb 爱彼迎,预订全球特色民宿"的字样。

这个视频一经上传,就获得了 6 万点赞。究其原因,最大的优势在于特效剪辑。

## 1. 选择抖音自带的视频和滤镜特效

在抖音上传或拍视频时,可以选择抖音自带的视频和滤镜特效。点击抖音视频左下角的"特效",会出现两个选择:一个是滤镜特效,另一个是时间特效。

(1)滤镜特效,比如"灵魂出窍""抖动"等,只要按住,就可以使用滤镜特效。

(2)时间特效,共分为三种:"时光倒流""反复""慢动作"。"时光倒流"是逆序方式呈现,给人一种时光倒流的感觉;"反复"就是反反复复呈现出某一个动作,用于强调和突出;"慢动作"指的是放慢动作,让粉丝更清晰直观地看到视频中呈现的东西。

另外,还可以选择"滤镜"功能,让拍摄画面更唯美,有日系、年华、非凡、动人等滤镜效果。

## 2. 巧用手机视频特效 App

除了抖音自带的视频特效之外,还可以借助一些手机制作视频的 App,如表 5-5 所示。

表 5-5　抖音手机制作视频特效 App

| 特效App | 说明 |
| --- | --- |
| VUE | 这个短视频拍摄和剪辑软件,一上架就被超过120个国家和地区的人使用。在该软件中,有电影级别的滤镜,操作非常简单。VUE内置的电影级别滤镜可以提升视频的表现力,其中F1滤镜尤为出色。VUE还支持多种视频画幅,除了竖屏全屏画幅外,还有经典、正方形等。虽然这款App中只有15款滤镜,但每一款都值得借鉴和使用 |

续表

| 特效App | 说明 |
|---|---|
| 美拍大师 | 美拍大师App由美图公司出品，简单易上手。在美拍大师中，不仅对视频时长没有要求，还能录制16：5的电影画幅。拍摄人像，可以自动美颜，支持剪辑、加动态文字。最大的优势是，不管想要什么背景音乐，都可以在线搜索 |
| Action Movie FX | 这是一款电影特效视频工具，用户可以在这里找到各种电影级的特效：爆炸、烟火、火树银花、导弹攻击、龙卷风等。使用这款APP，拍出来的视频特效惊艳，操作也非常简单 |
| Slow Fast slow | 如果喜欢拍摄慢动作视频，想对速度控制得更加精细，可以选择Slow Fast slow，通过曲线控制点，完美地实现变速，达到"倒放"效果 |

### 3. 使用AR视频特效效果

拍摄抖音视频时，加强AR方面的视觉特效，利用虚拟现实，呈现出3D的画面感，可以让粉丝更有代入感。

在这个应用中，还可以把现实中不存在的东西与拍摄的内容结合起来，让拍摄出的视频更加酷炫闪耀。

在视频或照片中实时跟踪的独特效果，可以随时切换各类声音，迅速便捷地拍出酷炫科幻大片"轰炸"现实场景。

## 背景音乐

抖音是一个发布音乐短视频的平台，想要获得人气和知名度，离不开好的音乐背景。就像导演拍电影，即使画面再美，没有背景音乐的衬托，也无法实现心境的升华。音乐，不仅能够提升整体视频效果，还能让粉丝的情感、心理与视频内容融合在一起。

富有情感的视频,能获得更多的转发和点赞。因此,做抖音视频时,要选择合适的音乐做背景。这里,给大家推荐几首抖音网民喜爱的背景歌曲。

1.《体面》

这首歌是电影《前任3:再见前任》中的插曲,是一首伤感歌曲。2018年上半年在抖音爆红,各种情感、失恋类的短视频都可以使用这首歌作为背景,代入感十足。

2. TG Ma

这首歌上传到Youtube上,只用了一个月,就取得了百万的播放量。截至2018年6月,获得4800万的播放量。在抖音上,主要被用来制作各种表情怪异的视频,引得众人注目。

3. Down In The DM

这首歌的流行,源于抖音官方推的一个挑战赛——"搓澡舞"。这首背景音乐曲调明快,节奏动感,两位美女抖商创作的舞蹈动作也简单易学,迅速被抖商跟风模仿。这首歌适用于舞蹈类动感的视频。

4.《小跳蛙》

这首歌是一首真正的摇滚歌曲。在抖音里,这首歌一般被作为卖萌视频的配乐,可爱的歌词,配上可爱的表情,卖萌效果超好。

## 选择音乐的时候,要注意以下几点

1. 根据已拍摄的内容选择音乐

为短视频选择音乐,要根据已拍摄的内容选择。在抖音"选择音乐"界

面，有一系列音乐排行飙升榜，可以选择热歌，也可以点击"更多"，发现分类，然后根据自己拍摄的内容来选择。另外，还可以在搜索栏中搜索自己喜欢的歌曲。当然，如果上传的是事先拍摄好的视频，也可以点击"选择音乐"选择合适的音乐。

2. 创作原声，独一无二

在抖音短视频中发布视频总会遇到一个痛点：大家都使用一个音乐背景，很难突出自己的风格，怎么办？抖音短视频有很多火爆的音乐，即使选择适合自己的音乐，也可能落在后面。此外，运用别人的音乐很难完美地表达出自己的想法时，最好创作原声，展现出整体视频独一无二的特点。

## 抖音视频的发布技巧

发布视频看着挺简单，花个几秒钟就能把视频介绍填完了。但实际上每一项都是经过专业测试和专业训练的，已经经过无数次的测试和反复调试。在设置之前，下面这些内容必须做到心中有数。

1. 发布时间

通常，每天发布 3~5 个视频，专挑人多时发布。这样，看的人比较多，更有助于上热门。

一天发 1 个，就太少了，因为刚开始做抖商，不可能把视频内容做得特别好，很多时候都是凭着自己的感觉去做，但观看视频的用户不一样。所以，为了增加每天上热门的机会,最好每天发 3~5 个视频,分开时间点发布。

每个视频至少间隔 1 小时,上午发 1 个,中午发 1 个,傍晚或晚上发 1~2 个。

要结合自己目标客户群体的时间去发布,因为每个细分行业的人群都有不同的时间属性。

2. 发布顺序

先发布哪个都行,只要内容好,即使最先发布的,播放量也能达到几千、几万;后发布的,可能几分钟的时间播放量就飙升到几万,都很正常。

3. 说点什么

视频介绍在发布视频时必须填写。抖音视频介绍要想抓住粉丝的眼球,基本上要带有三个导向:引导、预告和互动。

(1)草稿箱。如果同一时间录制了很多视频,草稿箱就能发挥重要作用,把暂时不想发布的视频放到草稿箱,想什么时候发布就什么时候打开发布。

(2)关键词布局。抖音的流量非常大,一定要重视搜索功能,并同时进行关键词布局,方便粉丝快速找到你。

(3)@功能使用。发布视频都会@抖音小助手,有助于作品上热门,增加被平台推荐的机会。

# 第六章

## 顺利引流：记住，流量是制胜第一法则

# 抖音爆发式引流的方法

抖音，不仅聚合了大量的短视频信息，还聚合了很多流量。对于"抖商"来说，如何通过抖音引流，让流量为己所用才是关键。下面，就给大家介绍八种抖音引流方法：

## 签名引流

签名引流是最简单的一种方式，只要在抖音账号签名处放上自己的微信号，粉丝点开之后就会看见，如果有兴趣，就会加微信。

当然，粉丝量不多时，不要着急留微信号；积累到一定粉丝后，才能留下微信号。

只要视频内容足够好，爆文的可能性还是很大的；曝光量越大，引流效果越好。

## 评论引流

在视频下面的评论区里面引流，也是常见手段。首先，编辑好要引流用的话本，里面要留有微信号；然后，分布在自己的视频下。也可以对热门话题进行评论，以便吸引到一批人，也可以去同行的视频下面评论。此外，还可以用大号关注小号，用小号进行回复，降低风险。

## 抖音热搜引流

对于短视频的创作者来说，蹭热词已经成为一项重要技能。用户可以利用抖音热搜寻找当下的热词，让自己的短视频高度匹配这些热词，得到更多的曝光量。这里，有四个利用抖音热搜引流的方法，如表6-1所示。

表6-1 四个利用抖音热搜引流的方法

| 引流方法 | 说明 |
| --- | --- |
| 账号命名踩中热词 | 这种方法比较取巧，甚至需要一些运气，但对于跟热词相关的垂直账号来说，一旦账号命名踩中热词，曝光概率就会大大增加。比如，热词"减肥操""减肥操达人""减肥操666"等抖音号因为命名踩中了热词，也就搭上了热榜的顺风车，曝光量大幅提升 |
| 视频选用BGM与热词关联度高 | 有些短视频能得到曝光机会，是因为BGM使用了"体面钢琴版(剪辑版)"这首歌。因此，使用与热词关联度高的BGM，同样可以提高视频的曝光率 |
| 视频标题文案紧扣热词 | 如果某个热词的搜索结果只有相关的视频内容，视频标题文案的编辑就尤为重要了，可以在文案中完整地写出这些关键词，提升搜索匹配度的优先级别 |
| 视频话题与热词吻合 | 以"朱一龙许你浮生若梦"的热词为例，之所以获得100多万的点赞量，是因为它带有包含热词的话题 |

## 抖音原创视频引流

有短视频制作能力的用户，原创引流是最好的选择。用户可以把制作好的原创短视频发布到抖音平台，同时在账号资料部分进行引流，比如昵称、个人简介等位置，都可以留下微信等联系方式。

抖音上的年轻用户偏爱热门和创意有趣的内容，抖音鼓励的视频是：场景、画面清晰；记录自己的日常生活，内容健康向上多样化，不拘一格。用户制作原创短视频内容时，记住这些原则，可以让作品获得更多推荐。

## 抖音矩阵引流

抖音矩阵是指，同时制作不同的账号运营，打造一个稳定的粉丝流量池。抖音矩阵可以最大限度地降低单账号运营风险，多账号一起运营，无论是做活动，还是引流吸粉，都可以取得理想的效果。

## 线上引流

### 1. 微信引流

使用微信为抖音引流的具体方法有以下三种：

（1）朋友圈引流。用户可以在朋友圈发布抖音上的短视频作品，视频中会显示相应的抖音账号，吸引朋友圈好友关注。注意，朋友圈只能发布10秒内的视频，抖音的短视频通常都在15秒，发布时要对其进行剪辑，尽可能选择内容中的关键部分。

（2）微信群引流。通过微信群发布自己的抖音作品，其他群用户点击视频后，就能直接查看内容，增加内容的曝光率。注意：发布的时间应尽量与抖音同步。

（3）公众号引流。公众号可以定期发布抖音短视频，将公众号中的粉丝引流到抖音平台上，提高抖音号的曝光率。

### 2.QQ引流

QQ拥有强大的资源优势和底蕴，以及庞大的用户群，是抖音运营者必须巩固的引流阵地。

（1）QQ兴趣部落引流。QQ兴趣部落是一个基于兴趣的公开主题社区，能够帮助用户获得更加精准的流量。用户可以关注QQ兴趣部落中的同行业达人，评论他们的热门帖子，添加自己的抖音号等相关信息，收集精准受众。

（2）QQ群引流。用户可以多创建和加入一些与抖音号定位相关的QQ群，与群友进行交流互动，让他们产生信任感，再发布抖音作品来引流。

（3）QQ头像和昵称引流。QQ头像和昵称是QQ号的首要流量入口，用户可以将其设置为抖音的头像和昵称，增加抖音号的曝光率。

（4）QQ签名引流。用户可以自由编辑或修改"签名"的内容，引导好友关注抖音号。

（5）QQ空间引流。用户可以在QQ空间发布抖音短视频作品。

## 音乐平台引流

抖音短视频与音乐是分不开的，用户还可以借助各种音乐平台来为自己的抖音号引流，常用的有：网易云音乐、虾米音乐和酷狗音乐。比如，网易云音乐是一款专注于发现与分享的音乐产品，推出了一个类似微信朋友圈的功能，用户可以发布歌曲动态、上传照片和发布140字的文字内容，还可以发布抖音短视频，直接推广自己的抖音号。

## 线下引流

用抖音给线下店铺引流最好的方式就是开通企业号，利用"认领POI地址"功能，在POI(Point of interest 的缩写，中文翻译为"兴趣点"）地址页展示店铺的基本信息，就能实现线上到线下的流量转化。当然，要想成功引流，用户还必须持续输出优质内容、保证稳定的更新频率以及多与用户互动，并打造好自身的产品。

# 多闪：头条系的社交引流新工具

2019年年初，今日头条发布了一款名为"多闪"的短视频社交产品。"多闪"拍摄的小视频可以同步到抖音，具体玩法类似于微信的朋友圈视频。

"多闪"App延生于抖音的私信模块，可以将抖音上形成的社交关系直接引流转移到"多闪"平台。"多闪"App的注册方式非常简单，只要下载"多闪"App，用头条旗下的抖音号授权、填写手机号、收验证码、授权匹配通讯录后，就能进入。

### 1. 多闪主动加人引流

通过"多闪"App主动加入引流的操作方法如下：

（1）打开"多闪"App，在主界面有一个"邀请好友来多闪"模块，点击"加好友"按钮。

（2）执行操作后，弹出"申请加好友"提示框，输入相应的申请信息，点击"发送"按钮。

（3）执行操作后，进入"消息"界面，右侧显示"待通过"提示；点击"立即邀请"按钮，可以邀请微信和QQ好友。

（4）执行操作后，弹出"邀请好友来多闪"提示框，显示账号ID，选择"打开QQ邀请"选项。

（5）执行操作后，弹出"口令已复制"对话框，点击"打开QQ粘贴给好友"按钮。

（6）执行操作后，自动跳转到QQ聊天窗口，选择相应的联系人。

（7）在"消息"界面点击右上角的"+"号按钮，在弹出的菜单中选择"添加好友"选项。

（8）进入"添加好友"界面，包括多种添加好友方式。

2. 多闪互动工具引流

"多闪"App将抖音中的装饰道具和滤镜特效等大部分功能都移植过来了，具有丰富的表现方式和场景。"抖商"在和好友互动时，可以直接用"多闪"App拍摄各种风格的抖音短视频，从而快速吸引更多的年轻用户关注。

在"多闪"App中，没有公开评论的社交场景，都是基于私信的私密社交场景。在聊天过程中输入文字时，系统会自动联想海量的表情包来丰富对话内容，不仅会降低表情包的使用和筛选难度，还有助于用户表达更多情感和态度。同时，聊天框右下角还有一个红心图标，可以用来代表"在吗"等话语，帮助用户快速地开始一段对话。

（1）抽奖活动。在"多闪"App推出时，上线了"聊天扭蛋机"模块，用户只要每天通过"多闪"App与好友聊天，就能参与抽奖，红包额度非常大。

（2）"多闪"号交易变现。"抖商"可以通过"多闪"号吸引精准粉丝，有需求的企业可以购买这些流量大号，来推广自己的产品或服务。

（3）支付功能。"多闪"App中推出了"我的钱包"功能，可以绑定银行卡、提现、查看交易记录和管理钱包等。

（4）拥有大量精准粉丝流量的"多闪"号，可以通过短视频贴牌广告或短视频内容软广告来实现变现。

### 3. "多闪群"引流

在"消息"界面点击右上角的"+"号按钮,在弹出的菜单中选择"发起群聊"选项进入其界面,通过直接邀请、搜索好友、一键邀请群好友、面对面建群等方式建立群聊。

在"发起群聊"界面,点击"一键邀请群好友"按钮,弹出"创建群聊"提示框,输入相应的群聊名称;点击">"号按钮,弹出"群暗号已复制"提示框,可以将群暗号通过QQ或微信发给好友,邀请圈里的好友加入"多闪"群聊,实现引流。

另外,还有一种"面对面建群"的方式。在"发起群聊"界面点击"面对面建群"按钮,弹出"开启定位服务"提示框;点击"开启"按钮,进入"位置信息"的设置界面,开启手机的定位服务,并将模式设置为"高度精确"。

执行操作后,返回"多闪"界面继续操作,选择一个入群暗号,只要跟身边的朋友选择同一个图案,就能进入同一个群聊。选择好图案暗号后,点击"进入群聊"按钮,就可以开始群聊。

### 4. 红包视频场景引流

"多闪"不仅能发红包,还能发视频红包,用视频表达祝福或者请求、道歉等,适用更多场景的引流吸粉需求。具体操作方法如下:

(1)进入聊天界面,点击左下角的红包图标。

(2)进入"发红包"界面,输入红包金额并设置红包个数;点击"直接发送"按钮,就能快速发红包。

(3)弹出"支付"提示框,点击"确认支付"按钮。

（4）在"发红包"界面点击"拍视频红包"按钮，进入视频拍摄界面。

（5）视频拍摄完成后，还可以添加文字、滤镜和贴纸等效果，然后点击右下角的"发送"按钮。

（6）弹出"支付"提示框，点击"确认支付"按钮，给好友发送视频红包。

记住，开展红包引流有两个关键点：

（1）向加群的人宣传达到多少人数，群主开始发红包。

（2）向加群的人宣传添加好友或转发截图有定向红包，增加好友数并使群信息得到更高的曝光率。

### 5. 同城附近位置引流

在"多闪"App 的"世界"板块中，短视频内容的展示顺序依次为：可能认识的人、附近的人、人气随拍。这样排序，可以强化用户的关系链，增加用户使用"多闪"的黏性。

"抖商"在利用"多闪"引流时，要重视"世界"板块，深挖同城引流和附近的位置引流红利。

如果说抖音主要是针对微信朋友圈的内容生态，那么"多闪"则类似于微信的社交生态，私聊、群聊、随拍、转账、红包等功能一应俱全，打通了从社交行为到商业转化的全周期。

# 直播的吸粉引流技巧

如今，直播借着短视频平台又再次回到了人们的视野，用户只要拿一部手机，就能快速直播。直播的竞争非常残酷，要想在最短的时间里红起来，就要掌握吸粉引流的技巧。

1. 定位清晰

精准的定位可以形成个性化的角色，而且有利于打造出一个细分领域的专业形象，下面就是热门的直播定位类型。

（1）直播+教育。在直播过程中，向粉丝传授自己的知识和经验，比如，为网店打造爆款、健身美容、职业技能等，吸引粉丝持续关注，提升粉丝黏性。

（2）直播+才艺。在直播时展示主播的才艺，比如，唱歌、跳舞等，只要颜值较高，才艺演绎精彩就能吸引大量粉丝，聚集人气。

（3）直播+生活。直播主播的日常生活，比如，去商场逛街、参加户外活动、吃饭、睡觉等。

（4）直播+卖货。在直播过程中推荐相关商品，为电商渠道导流，刺激粉丝的购买欲望。

（5）直播+段子。主播要能说会道，善于搞笑讲段子，不仅能活跃直播间气氛，还可以给粉丝减压。

## 2. 增加话题

主播可以制造热议话题，为自己的直播间快速积攒人气，但话题一定要健康、积极、向上，要符合法律法规和平台规则。当然，在与粉丝聊天互动时，还要掌握一些聊天的技巧。比如，可以借助面部表情、动作姿态来表达内容；语言要恰如其分，不要夸大其词，不要随便开玩笑等。

## 3. 多方互动

如果观众都比较冷淡，也可以另外找一个主播跟你互动。两个人一起来提升直播间的热闹氛围，避免没有话题时面临尴尬。另外，也可以跟一些老观众互动，主动跟他们聊天，最大限度地提升粉丝黏性。

除了聊天外，还可以与用户开展一些互动活动。比如，带粉丝唱歌、教粉丝一些生活技巧、带粉丝一起打游戏、在户外做一些有益的活动、举行抽奖活动等。这些互动活动都能提升粉丝的活跃度，还能吸引更多"路人"的关注。

## 4. 特色名字

起名字时，要根据不同的平台受众来设置不同的名称。比如，以电竞为主的虎牙等平台，主播起名字就大气、霸气；以二次元内容为主的哔哩哔哩等平台，主播起名字时就符合"宅"文化；以导购内容为主的淘宝直播等平台，主播名字则与品牌或产品定位符合，可以让用户产生信赖感。

## 5. 维护粉丝

通过直播积累一定的粉丝量后，一定要做好粉丝的沉淀，可以将他们导流到微信群、公众号等平台，更好地与粉丝进行交流沟通，表现出你对他们的重视。平时不直播时，也可以多给粉丝送福利、发红包或优惠券等，最大化实现用户存留，挖掘粉丝经济价值，实现多次营销。

### 6. 准时开播

直播的时间最好固定，因为很多粉丝都是利用闲暇时间来看直播的。直播时间只有跟他们的空闲时间保持同步，他们才有时间看直播。因此，要找到粉丝活跃度最大的时间段，每天定时定点直播。

### 7. 营销自己

抖音通常会给中小主播分配一些地域流量，比如首页推荐或其他分页的顶部推荐。当主播处于一个较好的引流位置时，就要抓住一切机会来推广自己、营销自己。

## 抖音导流微信，挖掘粉丝价值

要想长期获得精准的流量，就必须不断积累，并通过不断的导流和转化，更好地实现变现。

### 1. 获得长久的精准用户

《2018微信数据报告》显示：截至2018年9月，微信月活跃用户达到10.8亿，每天发送消息450亿次，同比增长18%。这些数据表明，微信不仅有较高的用户使用率，消息触达率也很高。"抖商"一定要利用好微信平台，沉淀流量和粉丝维护。"抖商"常用的微信吸粉方法主要有五种，如表6-2所示。

表 6-2 "抖商"常用的微信吸粉方法

| 方法 | 说明 |
| --- | --- |
| 主动吸粉 | 通过数据分析，筛选出复购频率高、客单价高的优质客户，主动添加他们的微信号。需要注意的是，要设置加好友上限，一个微信账号加好友每天不要超过30个；"抖商"可以同时运营几个微信账号 |
| "摇一摇"吸粉 | "摇一摇"是个有趣的交友功能，可以通过微信"摇一摇"的方式来添加新好友，利用这部分人的好奇心与交友欲，将产品宣传出去 |
| 快递吸粉 | "抖商"可以定制一些"粉丝卡"，放在给买家发送的快递包裹中，写上"加微信"领红包或参与免单抽奖，吸引粉丝添加你的微信 |
| 内容吸粉 | 在微信上分享一些粉丝喜欢的内容，比如女装店铺可以分享一些新品搭配技巧或"网红店主"的日常生活着装，用这样的方式沉淀客户 |
| LBS吸粉 | 位置签名和附近的人等LBS功能具有精准的定位作用，便于"抖商"在微信中投放促销优惠信息时，以最快的速度引流 |

2. 通过微信维护抖音的粉丝

微信不仅能够帮助"抖商"吸粉，还可以帮助他们更好地维护抖音等短视频平台的粉丝，通过粉丝维护可以提高黏性、实现裂变以及引导转化，让流量持续变现。

（1）提高粉丝活跃度。为了提高粉丝参与的积极性，"抖商"可以在微信中开发一些营销功能，比如签到、抽奖、学习或者在线小游戏等；在一些特殊的节假日期间，还可以在微信上开发一些微信吸粉 H5 活动，提升粉丝活跃度以及快速拉新。制作微信吸粉 H5 活动时，"强制关注""抽奖"这两个功能经常被组合使用，同时可以把 H5 活动二维码插入微信文章中，或将活动链接放

入"原文链接"、公众号菜单以及设置关注回复中,只要用户关注就能马上参与活动。

（2）提高粉丝黏性。不管是电商、微商,还是实体门店,都将微信和朋友圈作为自己的主要营销平台,其有效性不容置疑。所以,"抖商"完全可以借鉴这些方法和平台,在微信公众号或个人微信朋友圈中发送营销内容,培养粉丝的忠诚度,激发他们的消费欲望;还可以通过一对一的微信私聊解决粉丝的问题,提高用户黏性。在运营粉丝的过程中,在平台建立之初应该有一个大致的定位,做好微信平台的内容规划,保证粉丝运营顺利进行下去。

（3）管理维护粉丝。为了打造账号矩阵,大部分"抖商"都会同时运营多个微信账号,但随着粉丝数量的不断增加,管理这些微信账号和粉丝就成了一大难题,为了解决这些问题,就可以使用一些电商营销工具来帮忙。

### 3. 打造高转化成交场景

"抖商"也是商人,转化率非常重要。没有转化,流量再多,也是无效的,要打造高转化的成交场景,微信红包就是一种不错的营销工具。

在微信上引流时,可以在H5活动中加入微信红包并制作成邀请函,增加对用户的吸引力,让用户得到切实的好处。比如,腾讯在微信上推出了一种连接线上线下的活动营销工具——微信卡券,"抖商"可以使用这个功能更好地向用户推广促销活动,打造O2O模式消费闭环。

移动互联网时代的主要特征是"流行即流量",通过短视频、H5等内容来让产品或品牌变成流行趋势,就能增强它们对用户的影响力和吸引力,形成口口相传的流行氛围,刺激粉丝的消费欲望,实现浏览变成购买的价值转换。

# 用其他短视频渠道进行站外引流

除了将短视频投放到淘宝的内部平台外,"抖商"还可以将其分享到其他的社交渠道或者新媒体渠道。

下面,我们就介绍三种典型的推广渠道。

## 微信群短视频引流

将短视频分享到微信群引流的操作方法如下:

(1)登录微信,选择一个要分享短视频的群,进入聊天界面,点击右下方的"+"号按钮。

(2)弹出操作菜单,点击"相册"按钮。

(3)进入手机相册,选择要分享的视频文件,点击"发送"按钮。执行操作后,可将视频发达到该微信群内。

(4)群内的用户点击该视频,就能查看具体内容。

## 今日头条短视频引流

用今日头条发布短视频引流的具体方法如下:

(1)在主界面中点击右上角的"发布"按钮。

(2)在弹出的快捷菜单中选择"发视频"选项。

(3)在手机相册中选择要发布的短视频文件,点击"编辑"按钮。

（4）进入"编辑"界面，既可以旋转视频，也可以在底部拖动时间轴，对视频进行剪辑操作。

（5）点击"下一步"按钮，完成编辑，预览视频效果。可以调整音量、选择背景音乐和封面。

（6）点击"选封面"按钮，进入"编辑封面"界面，在下方滑动选择封面图；点击"完成"按钮，确认选择。

（7）点击"发布"按钮，可发布短视频。

（8）点击视频封面，可播放短视频，查看详细内容。

### 快手短视频引流

快手平台上的短视频内容多数都是以幽默搞笑和生活窍门为主，其中也不乏一些商业广告。在拍摄制作这些商业性的短视频时，创作者花费了不少心思，不仅要拍摄，还要处理、分享给他人，这些都会影响到短视频的传播范围和传播效果。

打开并登录快手APP，点击右上角的相机图标，进入拍摄界面。

点击底部的"相册"按钮，选择要发布的视频文件，对视频进行剪辑操作。

进入视频处理界面，可以给视频添加滤镜、配乐、文字和贴纸等，丰富视频效果。

进入发布界面，输入短视频简介，设置浏览权限，同时将视频分享到微信朋友圈、微信好友、QQ好友、QQ空间以及私信好友等社交圈。

点击"个性化设置"按钮，进入其界面，开启"允许使用我的作品原声"和"允许别人跟我拍同框"功能，根据需要选择推荐人群。

返回发布界面,点击"发布"按钮,完成视频的发布操作。

另外,快手有不同的板块,比如同城、热门等,利用好这些板块,也能吸引到精准流量。

# 关注同行

关注同行是我们的秘密武器,因为同行就是我们的前辈。他们经营经验比我们丰富,所以,要时刻死盯同行。因为所有赚钱的秘密都在同行这里,知彼知己,百战不殆。知道同行定位和策略,才能更新和完善自己。

## 关注前辈

同行是我们的导师,也是我们的战略指引。要跟前辈学习,看看他们是如何运作抖音视频的。

## 挖掘同行

1. 直接挖掘

实际上能够直接挖掘出来的同行都不是最重要的。你知道方法,同行也知道,关键是要把大家都不知道的挖掘出来。

2. 裂变挖掘

这是挖掘同行高手最厉害的一招,以一敌百,非常轻松。

3. 专挖高手

很多厉害的同行高手隐藏得很深,这些才是我们重点要研究的对象。

### 4. 研究对手

研究对手的目的是比同行还要了解同行，比同行执行力还要狠，比同行对手忠实粉丝还多，比同行变现能力还强，比同行后端盈利还牛。

一个同行不行，不代表其他同行也不行，而且每个同行都有自己的高明之处，值得我们学习。

# 第七章

## 营销推广：抖商销售产品离不开推广

# 紧跟他人热度,增强自己的影响力

抖音短视频发布后,最想得到的结果就是:点赞疯狂转发,获得大家的关注。要做到这些,必须懂营销。首先,要学会蹭他人的热度,增强自己的影响力。

## 什么是热点

一般情况下,热点可以分为三种情况,如表7-1所示。

表7-1 热点的三种情况说明

| 情况 | 说明 |
| --- | --- |
| 常规热点 | 常规热点就是比较常见的、会定时出现的热门话题。比如,大型节假日、固定时间的大型赛事活动等。可以根据历年来这些热点关注度及话题,提前对内容选题进行筛选、预热和拍摄制作,等待时机准时发布。比如,一年一度的高考是全民高度关注的一个话题,可以提前在网络上开始预热"高考考生迟到,好心人送考生进考场","考生忘带准考证,家长心急火燎送准考证"等相关话题。抖音账号借势制作相关短视频,就能获得惊人的点赞转发率 |

续表

| 情况 | 说明 |
| --- | --- |
| 突发热点 | 不可预测的突发事件比较突然，有偶然性，所以热度下降得也比较快。对于抖音短视频来说，利用这类热点的难度较大。因为这类内容制作的时间更长，耗费的心思也更多，对突发事件做出迅速反应的难度也更高，没有成熟的创作团队，也就无法蹭上热点。但只要提前做好预案，也可以有所收获。比如，保持关注娱乐明星的新闻，收集明星图片、作品等，配上点评，做成图片合集，效果也不错 |
| 预判热点 | 预判热点是指除了突发热点和常规热点外，可以人为地预测一些热点。比如，电影上映之前，通过对受众群体及话题本身热度的分析，预测到该部电影能否成为大家高度关注的话题，提前进行策划准备。时机掌握合适，内容制作水准高，就有可能成为爆款短视频 |

## 蹭热度的方式

抖音短视频蹭热度的方式不正确，会显得杂乱无章，也无法取得理想的效果。那么，抖音短视频该如何蹭他人热度呢？

### 1. 热点与抖音账号紧密结合

蹭热点的时候，要结合账号本身的细分领域定位，将热点事件与账号定位紧密结合起来，制作出新的创意视频。忽视了热门事件与账号定位的关联性，强行蹭热点，都是不妥的。

### 2. 客观对待热点

在利用热点话题时，要尽量保持客观，不要盲目站队。比如，网络上出现的"×××主维权事件"，开始时舆论一边倒地同情并支持当事人，结果最后却显示：当事人涉及经济纠纷，意图利用维权转移注意力……这样的事件热点，最好不要蹭。

### 3. 抓住蹭热点的时机

通常，事件发生后的1小时内是热点的黄金期。在这段时间里，用户对于事件的进展与发酵都保持着较高的关注度，随着时间的推移，用户就会对事件产生疲惫，关注度也会随之降低。

### 4. 一边思考，一边创新

出现了热点事件，首先要仔细思考如何正确利用热点话题，将它们的最大价值发挥出来。其次要加以创新，结合自身特色，做出个性鲜明的热门视频。

## 蹭热度的关键

蹭热度的关键点主要有以下几个：

### 1. 速度要快

热点事件往往都会在短暂时间内火爆，一段时间之后就会消沉，新的热点会代替前面的热点。因此，一旦抓住了一个热点，就要把握好时机，快速出击，掌握主动权。

### 2. 文案要有创意

无论蹭的是什么热点，在抖音短视频中都要加强创意展现，尤其是文案上的凸显。不能只是把热点复制粘贴在抖音短视频的文案上，还应该提高其文案的创意性。

### 3. 互动性要强

在抖音中利用热点来发布短视频时，要加强与用户的互动。

## 蹭热度的注意事项

不管是做生意，还是做企业，多点儿正能量，才能被认可。在抖音平台上，你代表的是自己，也可能是企业，或者品牌，所以一定要给自己的产品或公司树立一个正面的形象。

粉丝需要的是正面信息，坏声音虽然短时间内能让你知名度大增，却不能带来长久流量，甚至会使粉丝流失，要认真分辨热点的坏声音和好声音。

蹭热度是一种很常见的营销方式，但没有关联也要硬扯，推广会显得非常生硬，粉丝也不会买账。

要优化热点，让抖音内容更具深度，利于品牌价值文化传播，建立属于自身的"热点"。

##  用大号推小号，引起关注

用大号来推小号，方法简单有效，能够引起广泛关注。

下面我们就来看看大号"PS之光"是如何运作的。

点击这个抖音号，进入主页面，可以看到一系列的短视频列表，每一个视频都在讲述PS的学习教程，有些点赞几千，有些点赞几万。介绍栏中这样写着："还有@PPT之光@Excel之光@word之光@收纳之光，一起学习。"

点击关注"PS之光"，主页面会立刻给我们推送更多关于PS、绘图等办公软件的抖音号。

根据这个推荐，搜索"PPT之光"，排在首位的是"@PPT之光–冯注龙"，粉丝量为498万。该抖音号的抖音视频和"PS之光"一样，区别在于：一个

是 PS 教程，一个是 PPT 教程。

同理，搜索"@ Excel 之光""@Word 之光""@ 收纳之光"也能得到一样的结果。显然，大号"PS 之光"在利用自己的众多粉丝数量和知名度推广小号，每个小号下推广的粉丝均都在几十万以上，效果显著。

如此，不仅增加了各抖音号的粉丝，还为该企业形成了一个系统的连锁抖音号，时间长了，"PS 之光"自然就会越做越大，还可以做线下实体教育、在线教育等。

### 1. 有关联才能推广

用大号来推广小号，做法很简单，但并非所有的小号都可以推广。大号之所以会积累那么多粉丝，离不开抖商的用心经营。如果推广的小号质量很差，且毫无实用价值，粉丝不但不会关注，还会对大号失望，甚至脱粉。因此，大号在推广小号时，一定要注意其关联性和价值。

（1）关联性。小号一定要跟大号有所关联。如果大号是推广厨具的，推广的小号一定也要跟厨具有联系。

（2）价值。推广的小号有了关联性，还需要考察它的价值。如何体现出优质呢？可以给粉丝带去实用价值的、戳中用户痛点的、操作简单的、具有正面引导意义的，具备了这几个价值特性，小号就值得推广，也会被大号粉丝关注。

### 2. 首页介绍推小号

搭建了符合推广标准的小号后，就要进入实地操作推广。应该如何做呢？把握好粉丝的视线关注点。粉丝打开你的账号，第一眼就会看到头像、介绍、视频列表。如此，也就找到了最佳的推广小号位置——介绍栏。

在介绍栏中，需要用一句话来介绍自己。这是抖商的标签，也是抖商的宣言，能够体现出抖商的个性；此外，这一句介绍也会在第一时间出现在搜索列表中。

## 通过抖音评论区引流

为了引流，要在抖音的评论区多花些心思。

美动态服饰是广东一个专门做大码女装的服装品牌，入驻抖音后，发布了一系列视频，好评如潮。之所以能取得这样的成绩，主要归功于视频的两个女主角（微胖女生），她们用自己的搞怪表现完美地呈现了美动态服饰的特点，俘获了大量粉丝。

该抖音号有一个点赞超过60万的短视频，且不说视频内容如何，女主角穿的连衣裙就吸引了众人的关注。在上万条的评论区里，很多人都在问："同款裙子去哪里买？"这时候，就会得到这样的回复："我店里卖的这款裙子是今年最火爆款。"粉丝看到之后，只要点击这个抖音号，就可以进入抖音页面。

在商家抖音页面，可以看到很多关于"大码美装"的视频，只要粉丝喜欢，就可以一键关注。同时，在商家抖音页面中，还有店铺微信号，粉丝只要添加微信，就可以购买。

"大码美装"利用评论区顺利实现了引流，方法简单方便。当然，利用评论区引流推广的方式还有很多。

### 1. 评论区引流的话术要"软"

在大号的评论区做引流,很多人的评论都石沉大海,收不到效果。为什么?因为没有学会有效的评论话术,不懂得用话术来"勾引"粉丝。专业的话术引流定位步骤如下:第一步,确定要引流的是什么人群;第二步,此类人群的特质如何;第三步,拿什么和他们产生共鸣(引流的噱头、方式)。

粉丝都很讨厌广告,甚至只要看到就会拉黑,因此在大号评论区进行引流时,一定要定位分析,不能出现硬广评论。

比如,下面两个对话:

"点击观看我的抖音视频,同款蓝牙耳机。"

"想要同款蓝牙耳机,点击我的抖音号哦。"

显然,软广评论更容易让粉丝"上钩"。

### 2. 评论区头像和名字要专业

在抖音大号的评论中引流,头像和名字要专业。抖音号的名字太通俗,甚至低俗,就无法说服粉丝点击。做得好的抖音大号,都会根据发布的抖音内容来选择专业的头像和名字。

头像设置有下列几个特征:

(1)头像颜色要舒服。抖音号的头像颜色非常刺眼,或十分黯淡,都不能很好地吸引粉丝关注,必须关注到粉丝的感受。在众多抖音评论区,绿色和红色会让粉丝看上去比较舒服。绿色是公认的最科学化的颜色,给人以温和的视觉感观,而红色可以很好地衬托出评论区的黑色。

(2)直接使用文字或LOGO。直接把名字和LOGO放在头像上,很引人注目,但文字不能过大也不能过小,字数不能过多,字体最好是宋体或黑体,尽量让整个 LOGO 都包含在头像内。

（3）体现出抖音内容或者评论。抖音头像一定要与发布的短视频内容以及评论有关联性，挂羊头卖狗肉的行径，粉丝不会主动关注。

（4）抖商的头像，主调要高大上，少些粗俗低级。

（5）个性化，极具创意的头像，更具吸引力。

抖音号的名字要符合下列几个特征：

（1）名字最好控制在 5 个字以内。文字过长，不易让人记住，无法形成深刻印象。

（2）名字里不要出现表情、符号，否则，会让名字显得混乱，不成体系，也不专业。

（3）名字里有英文字母，既显得高端，也显得更专业。

### 3. 引流过程和结果同样重要

引流的结果同样重要！把粉丝引到抖音号中后，还要给粉丝带去货真价实的东西，不能欺骗粉丝；要细心地操作抖音号，努力打造一个评论引流的完美闭环，让粉丝觉得有收获。

## ■ QQ 推广，注重细节小技巧

QQ 是现代个人办公、日常生活交流必不可缺少的一个社交软件，方便了人们的社交，QQ 更是非常好的抖音推广工具。利用 QQ 来推广抖音，要处理好这样几个细节：

### 1. 巧妙设置QQ头像和昵称

QQ头像和昵称是网络的流量入口，其设定要满足三个条件：大家一看就知道你是做什么的；告诉人们，能从你这里得到什么；让人们知道，你能帮他们解决什么问题。

### 2. QQ空间送好友礼物

批量发送礼物，礼物会在别人登录QQ时自动弹出来，且是强制的，对方必须点击查看才能消失。在里面，可以做足留言内容。比如，在留言中加入抖音号、抖音视频内容简介、抖音二维码链接等。但是，这种方法不能频繁使用，否则QQ官方会视为恶意操作。

### 3. 个性签名

QQ的个性签名是推广的一个重要环节，可以设置成跟QQ空间说说同步，只要有说说更新，个性签名就会更新。在个性签名中加入抖音的内容，可以让别人一目了然。

### 4. 提高QQ日志浏览量

QQ日志也是一个抖音推广的好方法，每天都编辑日志文章，点击下方更新动态，日志又会变成新的文章，展现在别人面前。

### 5. QQ空间评论

每天手动去评论别人的日志、说说，别人只要登录QQ，就会看到你在对方空间留下的信息。

### 6. 每天加好友、加群

想要实现QQ的推广，还要多加好友和群，增加抖音曝光率。

# 朋友圈、微信群、公众号齐上阵

随着微信的普及，微信已经成为人们社交的必备软件，微信推广也就很有必要了。

## 1. 微信群推广

在已经加入的微信群中，定期发布抖音消息和视频，就能增强自己的存在感和曝光率。当然，选择视频发布时，要保证质量，不能频繁发送，否则会被群主踢出群；要在晚上黄金时间或者中午午休时发送，贴合用户的闲暇时间以便调动人们观看的积极性；要不断地加入大群，蹭流量，在互动中发布抖音内容，引导大群成员的关注。

## 2. 公众号推广

如果有必要，可以创建属于自己的公众号，然后在公众号内定期发布抖音视频或者优质文章。如此，会让你的抖音显得更加高端，更容易吸引优质用户关注。如果文笔够好，公众号被转发的次数会更多，你的知名度也就更大。同时，还可以和其他公众号合作，提高抖音曝光率。

## 3. 朋友圈推广

在朋友圈内发布抖音短视频，确实是推广的好方法。具体方法是：直接把抖音短视频分享到朋友圈；如果视频有趣好玩，朋友圈好友就会关注。当然，这种方法不能使用得太频繁，否则会被朋友圈好友屏蔽。

# 发起抖音挑战赛，增强产品曝光率

想要提高抖音的推广力度，需要参加抖音平台的一些热门挑战活动。

## 发起抖音挑战赛的过程

想要更好地推广抖音，可以直接在抖音中发起挑战赛。如果挑战赛参加人数够多，直接曝光的就是你的抖音号，会为你带来不可估量的粉丝和流量。下面是发起抖音挑战赛的流程：

第一步，打开抖音App，点击"+"，发布视频。

第二步，选择视频上传或拍摄，在"发布"页面上找到"添加挑战"选项。

第三步，在"添加挑战"中添加新的挑战。点击"发起"按钮，发起挑战。

这里，有两点需要注意：

（1）发起的挑战一定要符合抖音粉丝的需求和兴趣，要提前做好粉丝定位，看看用户群都喜欢看什么。

（2）可以借鉴以往参加人数众多的挑战赛，借鉴它的模式和简介，能让挑战赛显得更有经验和更加成熟。

## 关注抖音小助手，发现火热挑战赛

在抖音平台中，可以关注"抖音小助手"。

"抖音小助手"会在平台上定期推送最火热的挑战赛，参与者多达几千万人乃至几亿人。只要抓住热度高的挑战赛，适当发布优质视频，参与挑战，就可能搏出位，获得点击率，赢得曝光机会。

当然，不能每个挑战赛都参与，一定要选择适合自己的。要细心观看挑战赛的内容，观看抖音范围，学习点赞几百万的参与者的做法。同时，参与挑战赛时，要写好参与文案。最后，通过数据分析、定位理论等方式找到最合适的挑战赛，制作出优质的视频上传，提高推广的精准度。

## 抖音广告上的几种挑战赛

下面就是抖音广告上的几种挑战赛：

1. 品牌挑战赛

品牌挑战赛是抖音广告挑战赛经典玩法，有优势入口导流，可以实现深度定制，可以跟达人、贴纸、音乐配合；有王牌硬广曝光支持，性价比更高。

2. 超级挑战赛

主要方式如表 7-2 所示。

表 7-2　超级挑战赛的主要方式

| 方式 | 说明 |
| --- | --- |
| 抖音广告品牌挑战赛 | 超级挑战赛有更多的互动玩法，比如明星热力玩法，品牌借势明星影响力引发更多参与，实现海量粉丝共创品牌内容 |
| 抖音广告的红包大战 | 发品牌红包引导用户，海量红包为视频传播活动引流 |
| 抖音广告的彩妆玩法 | 利用人脸识别技术加持，为品牌定制专属妆容，打造极致试妆体验 |
| 抖音广告的超级对战玩法 | 明星或达人战队PK，吸引粉丝参与 |

3. 区域挑战赛

区域挑战赛可以实现区域定向资源，让抖音广告传播更加精准高效。

# 第八章

## 吸引粉丝：让用户知道，你对他有用

# 用多种方式实现涨粉

抖音,是中国涨粉最快的神器,在抖音平台,作品为王。即使你没有名气,没有粉丝,完全零流量,一天也可以涨数万粉丝。在抖音平台,内容是涨粉最快的方式,内容要上热门,想拦都拦不住。只要生产优质的原创视频,任何人都有机会在短时间内从0涨到100万粉丝。

## 如何涨粉

### 1. 内容涨粉

在抖音上,一个视频内容是否会火取决于很多因素,包括点赞数、评论数、分享数、完整播放率等数据。比如,点赞数量,不只是显示在前端用户能看到的一个数据,也代表了该视频的曝光量。

最容易火的抖音内容主要有六种类型,如表8-1所示。

表8-1 爆品抖音类型

| 类型 | 说明 |
| --- | --- |
| 颜值爆表型 | 原来抖音只有15秒,现在很多账号开通了60秒长视频。在前几秒内,如果不能让用户有一见倾心的感觉,就很难让用户看完、点赞、分享甚至关注。外表吸引力型的内容,用户会在第一时间进行点赞,反复观看的意愿更高,评论互动的动力也更强。这也是为什么很多帅气漂亮的"小哥哥""小姐姐"仅翻拍了一个动作或跳了一段舞就收获了上百万赞的原因 |

续表

| 类型 | 说明 |
| --- | --- |
| 才艺展示型 | 这类内容在抖音中更多是以展示才艺技能的内容为主。比如，一些横店演员也许目前只是一个跑龙套的，但是，短视频让他们找到了新的突破口，持续地在抖音里做各类视频特效和合成内容，同样也能获取众多粉丝。用户之所以会佩服你，原因共有两个：一是他自己做不到；二是他从来没有见过。所以，只要满足了这两点中的任何一点，他们都会点赞 |
| 图片美好型 | 在抖音上看到某些图片或者视频时，很多人都会说："哇哦，太美了，真的是太美了。"那么，什么是无法言喻的影像呢？就是用图片和文字都不能真正传神表达的视频内容。无论是壮美的大自然景观，还是关键时刻的影像记录，都能给用户留下深刻的感受 |
| 搞笑有趣型 | 抖音最主要的使用情景是碎片化时间的消遣。回忆一下自己刷抖音的大多数时间，是不是都是在饭后、下班后、睡觉前等碎片时间？这个时间段，用户是用来放松和娱乐的，搞笑内容就承担着这一目的。只要你的视频能让他笑，也就成功了 |
| 萌宝萌宠型 | 看到萌萌的宝宝或者是呆萌的宠物时，很多人都产生一种莫名的治愈感。这类视频具备很强的治愈力，内容很容易让人点赞和反复观看。所以，近年来宠物网红在网上也很火 |
| 引起共鸣型 | 内容和表达能够引起用户共鸣，在价值观上达成了共识，这类型视频在抖音上呈上升趋势，吸粉效率特别高 |

## 2. 话术涨粉

（1）和粉丝成为朋友。用朋友的口吻和粉丝互动，你就是粉丝的好朋友。比如，粉丝问："我家宝宝爱咬人，怎么办？"就可以回复："您好，您家宝宝多大？"让粉丝再次产生互动。如此，如果视频只有10人次的评论，经过以朋友身份和粉丝互动，就会产生20次、30次评论。

（2）解决用户痛点。首先，展示自己的专业性，引出痛点话题，引导粉丝留言提问。然后，对评论区的用户提问，一一解答，强化自己的专业性。如果粉丝的每个提问都能得到你的回复，粉丝参与度就会提高。

（3）利用聊天，打造形象。通过评论区的互动，告诉粉丝：你是谁，你是做什么的。关注你，可以得到什么。也就是说，在产出内容的同时，要形成自己鲜明的形象，让粉丝知道关注你会产生某种价值。

（4）不要跟粉丝争执。有的人很无聊，可能会在视频下吐槽，甚至攻击你。这个时候，一定要淡定，不要跟他争执。因为，你们之间的争执，会被一大波人围观，有些用户就会觉得你不够大气、不够友好。

3. 评论涨粉

一个专门做大码女装的服装品牌，入驻抖音后发布了一系列视频，获得了很高的好评。

该抖音号有一个点赞数量过10万的短视频，视频中最突出的是女主角穿的连衣裙。在评论区里，很多人都留言"同款裙子去哪里买？"粉丝"大码女装"回复："我店里有卖这款裙子，是今年最火爆款。"粉丝看到后，只要点击该抖音号，就可以进入抖音页面，看到很多关于"大码女装"的视频。同时，在这个抖音页面中还有店铺的微信号，粉丝只要添加微信就可以购买。"大码女装"利用评论区顺利实现了引流，方式简单方便。

粉丝都很讨厌广告，甚至只要看到就会拉黑，只有积极回复评论、私信，被重视的粉丝才能成为忠实粉。

4. 互动涨粉

跟粉丝互动，主要有以下两种方式：评论区回复、私信。此外，还可以通过其他平台软件，搭建起与粉丝沟通的桥梁，进行粉丝运营。

粉丝黏度直接决定了账号的优质程度，如果，你发一条视频，大家都随机来观看，这种操作肯定不行，要重视互动。比如，抖音号运营时，每发一个片子，都要到粉丝群@粉丝奔走相告。在视频文案中，也要引导粉丝在评论区进行评论，适当回复粉丝的发言、送些小礼物等。

#  "懒人"也能吸粉数十万

在刚进入抖音时，出现了一些"懒人式"的吸粉方式，方式虽然简单，但吸粉效果并不差。

## 人物式——人物出镜

所谓人物式就是，抖商亲自出镜拍抖音视频，也可以拍一位帅哥或美女。目前在抖音算法机制中，有人物且多个人物出现，就能分配到更多的流量。所以，多找几个人拍视频是吸粉的最好方式。

人物出镜要表演什么呢？抖商不一定要有特长，只要将在网上收集到的素材读出来即可。当然，不能一板一眼地念，要像和他人交流一样，声情并茂

地表达出来，深深地打动粉丝。

抖音上，很多大咖主播最初都是采用这种方式，他们发表的一些见解都不是自己的独家见解，而是在其他社交网站上都讲烂了的"段子"，只不过经过他们的演绎，收获了几十万甚至上百万的点赞量，以及数千评论转发量。可见，这种方式看似简单，但效果很好。

## 图文式——"图片+文字"

将收集好的素材制作成"图片+文字"的形式，在抖音上上传图片，就会自动生成视频格式，供粉丝观看。

制作的过程中需要注意以下几点：

### 1. 图片数量要有控制

图片的数量尽量保持在6~7张，最多不超过9张。视频展示的时间有限，如果图片太多，视频就会加快图片的展示速度，不利于粉丝阅读。只有6~7张图片，每张图片只有一两句话，粉丝就能在15秒的时间里获得不错的阅读体验。

### 2. 文字要简短精悍

视频播放时粉丝无法自己翻页，文字过多，粉丝根本来不及看完，无法被内容所吸引，也就无法对抖商产生关注的欲望。

### 3. 慎重对待第一张图的文字

因为它相当于文章标题，其吸引程度直接决定了点击率。

## 对话式——制作成聊天记录

对话式是指，把收集到的素材制作成聊天记录的形式。"偷窥"是人的本性，制作成对话式，可以引起粉丝的好奇心。这种操作方法很简单，首先把收集好的素材整理成对话即可，然后利用两个微信号互相聊天。在聊天的过程中，用手机录屏工具把聊天过程录制下来，最后可以将其上传到抖音上。

只不过，在设计素材内容时要注意以下两点：

（1）要自然，太过拙劣的表演，无法吸引粉丝的观看欲望。

（2）对话式的内容长短，要与抖音规定的时长相符合。

## 找准用户心理，获得点赞关注

不管做任何事，只要抓住了人性的弱点，就抓住了成功的钥匙。不管世界怎么发展，抖音上流行什么内容，只要内容能戳中人性，就能吸引粉丝关注。

人性的弱点有很多，贪婪、恐惧、嫉妒、喜欢攀比、害怕孤独、热爱免费、喜爱随波逐流……每一个弱点，都是抖商吸引粉丝的机会。

### 1. 用高颜值吸引粉丝

人都是爱美的动物，长得好看的人，更容易获得别人的好感。这一点，在各大直播平台上已经得到证明，抖音上也是如此。素有"抖音女神"之称的吴佳煜就是典型的代表。她不仅长相甜美大方，也很有才华，唱歌、跳舞、模仿样样都行，如今粉丝已经过千万，获赞数已过亿。

### 2. 给粉丝实惠，吸引关注

多数人都喜欢占小便宜，哪里有便宜，哪里的人就会比较多。虽然人们都知道"天下没有免费的午餐"，但是依然抵挡不住"优惠"甚至"免

费"的诱惑，都会陷入几折起、清仓、免费试用的套路中。抖商在打造视频时，也可以利用这一人性弱点，让粉丝感到有便宜可以赚，粉丝自然会关注你。

### 3. 用自信赢得粉丝支持

自卑感是以一个人认为自己不如别人的自卑观念为核心的情感所组成的一种复杂心理，可以通过调整认识和增加自信心并给予支持而消除。抖商只要打造出改变粉丝自卑心的视频，就能赢得粉丝的关注。

### 4. 传递积极正能量

消极情绪是因人因事因时而产生的。比如，在工作、学习或生活中遭遇到了挫折、受到了他人的挖苦或讽刺、莫名其妙地情绪激动等。只要抖商的视频能帮助粉丝改变消极情绪，粉丝肯定就会关注你。

### 5. 满足粉丝的虚荣心

互联网时代，人们的自我虚荣心、自我满足感超出了任何时候；但另一方面，虚荣心有多大，市场就有多大。只要在一定程度上满足粉丝的虚荣心，就不用愁关注度了。

## 用情感触动粉丝

互联网时代，是一个注意力经济时代，但也是注意力涣散的时代，吸引粉丝的注意力越来越难。纵观那些成功的营销方案，都有一个共同的特质，那就是都运用了情感营销。

情感营销是从粉丝的情感需要出发，唤起和激起粉丝的情感需求，诱导粉丝心灵的共鸣，把情感融进营销中，让有情感的营销赢得无情的竞争。要想在抖音红海中脱颖而出，获取粉丝的关注，抖商也可利用情感营销。

1. 选择最恰当的价值主张

既然要打情感牌，就要设定一个贯穿主旨的情感主张。这个情感主张可以是亲情、友情、爱情，也可以是坚韧、顽强、拼搏、自立等美好品质。但究竟如何能找到一个最恰当的情感主张，可参考以下两个方法：

（1）与抖音账号定位紧密相连。很多抖音直播都做过情感营销，但是能让粉丝记住或影响深刻的却不多，主要原因就在于其选择的情感主张与抖音账号的定位没什么关系。

（2）捕捉较少被商业开发的人类共有情感。梦想、自由、珍惜当下、不要轻易放弃等话题，已经被使用太多，再做这类情感营销粉丝，是很难引起粉丝情绪的，因为他们早已免疫或麻木。

2. 创造一个巧妙的好话题

要想引起好的效果，就要设计一个巧妙的话题，但是需要注意几点：

（1）情感问题是大家都关注的，因为成年人或多或少都会遇上一些问题。

（2）从女生的角度和男生的角度去评价一个异性，会得出截然不同的结果。

如此，话题才能有的放矢、富有逻辑性及感染力，能够引起用户广泛的共鸣。

# 爆款视频是最好的吸粉方式

很多抖音大咖通过爆款视频提升了知名度，吸引粉丝观看自己的其他视频。但是，爆款视频并不是容易制作的，也不是谁都能做出来的。

## 好选题是爆款的前提

### 1. 坚持三个原则

视频选题好不好，要看看其是否符合以下三个原则。

（1）选题节点足够巧。这里的巧并不是指简单地蹭热点，只有把握好热点的时间节奏与切入角度，才能减少内容同质化。

（2）选题角度能引起共鸣。共鸣越大，传播效果就越大。要让视频有共鸣，就要选择大众最痛的痛点。

（3）选题受众足够广。抖商进入抖音，先要选择细分领域，确定好内容定位和目标受众。

### 2. 利用三个步骤打造爆款

抖商可以按照以下三个步骤打造爆款视频：

（1）对选题进行包装。首先，要考虑选题的可行性，是否适合通过抖音以短视频的形式进行传播；其次，选择呈现方式，是简单的人物采访，还是讲故事；最后，确定要以人为主，还是以物为主。

（2）建立选题库。爆款视频不能只打造一个，要建立选题库。爆款选题库的内容可以来自以下五个方面：自己爆款选题的整理以及相关、相似选题的裂变；竞争对手爆款选题的整理及相关相似选题的裂变；刷屏极爆款选题；受众最近关心的热点；平台上大家比较关注的话题。

（3）打造差异化的选题。选题差异化，才可能成为爆款视频。打造差异化需要注意两个定位：一是受众定位，要有目标人群；二是特色定位，选题策划时，要避开同一事件的主流角度，大家都在说的观点就不要重复了。

## 爆款的三大必备因素

爆款视频必备因素如表8-2所示。

表8-2 爆款视频必备因素

| 因素 | 说明 |
| --- | --- |
| 冲突感 | 冲突是故事的根本，没有冲突就没有故事。文学故事上有冲突，视频上也有。比如，抖音上"父亲几十年只穿一件polo衫"视频，浏览量多达6000多万次，获得400万个点赞。这个视频能成为爆款是因为，这种矛盾代表着伟大的父亲的坚毅品格以及对儿女的深爱 |
| 稀缺感 | 研究表明，在稀缺感的作用下，粉丝的注意力就会自动转向未得到满足的需求上。比如，粉丝想要减肥，就会关注减肥类的视频；粉丝喜欢做菜，就会关注美食教程类的视频。所以抖商在打造爆款视频前，要明确目标粉丝是谁，他们的稀缺感是哪些 |
| 生活感 | 视频内容只有贴近日常生活，才能调动起人们的情感，人们才愿意关注，受众才更广泛。除了普通粉丝外，媒体人、编辑等各行各业的人士都会被视频所吸引，从而引发更高的转发量 |

# 粉丝的互动和运营

维护粉丝的最终目的是把陌生粉丝变成忠实粉丝。这样忠实粉丝才会越涨越多，后续持续引流、持续变现才会更容易。我们和竞争对手最终较量的是谁的忠实粉丝多，忠实粉丝越多，变现能力就会越强。

## 粉丝互动

许多抖商在经历了面试和考核后，终于也算是好不容易当上了主播，可是自己还沉浸在兴奋中时，却突然发现自己在直播时互动不够，容易冷场。那么如何跟粉丝互动呢？

### 1. 多说感谢

粉丝送给你礼物，无论数量多少，都要向送礼物的粉丝表达尊重，表示感谢："谢谢××。"如果能配上适当的赞美就更好了。比如："谢谢××的第二次送礼啦，你真大方。"让粉丝感受到你的诚意与热情，他们才有意愿继续互动。没人送礼物时，不要直接当面要礼物，但可以用一些暗喻的词句索取礼物。比如，"好久没有看到过××礼物了""求上榜"等，增加粉丝送礼物的积极性。

### 2. 丰富的表情和动作

主播间是主播和观众沟通互动最重要的桥梁，不仅要善于调动现场气氛，处变不惊，还要尽可能地增加与粉丝间的交流，提高大家的参与感。抖商要用丰富的表情和动作，来吸引人群。比如，剪刀手的卖萌、手比爱心的温馨、吐舌头的调皮。这些细节能让粉丝感受到感官刺激，不仅能感受到你的积极与热情，还会对你产生好感。

### 3. 平时多积累段子

语言幽默，很容易引起粉丝好感，如果没有幽默潜质，怎么办？更好的办法是平时多积累段子，提前背下来，然后直接当着粉丝的面说出来，至少不会那么生硬，且粉丝也会喜欢。

### 4. 谈自己生活感受和经历

没事的时候，可以多扯跟生活有关的小事，容易拉近彼此的心理距离。比如，最近去哪里逛街和旅游了？最近刷淘宝时又看上了哪款包包和裙子？

## 粉丝分析

### 1. 到底分析什么

数据有很多，并不是所有的数据都有同样的价值，首先要确定好采集哪些数据。

（1）用户数据的分析。用户的数据众多，时间、精力都有限，要从不同维度对数据进行分析，如表8-3所示。

表8-3 对用户数据进行不同维度的分析

| 维度 | 举例 |
| --- | --- |
| 用户属性 | 年龄、所在城市、来源渠道、性别、文化程度、兴趣爱好、工作收入等 |
| 用户行为 | 浏览、注册、下载、联系询问、收藏、关注、支付购买、点赞、评论等 |
| 用户分析 | 点击率、浏览量、页面的停留时间、转化率、跳失率、收藏量等 |

续表

| 维度 | 举例 |
|---|---|
| 常见工具 | 网站统计工具、平台自身的统计工具、第三方统计工具、App统计工具等 |

（2）产品线和产品功能的分析。产品的生命周期和市场的热度周期，会对销量产生重大影响，因此，要通过数据来分析市场最新的热点，寻找切入点。搞清楚哪些产品的销量在上升，哪些产品的销量在下降，分析背后的原因，就能制定战略，作出营销上的调整。

（3）受众群体的分析。搞清楚受众到底是谁。受众群体不同，营销推广的方法和策略也会不同。想清楚哪些用户为你贡献了大部分的收入。20%的核心用户可能给你带来了80%的收入，因此，要为核心用户服务好。

（4）事件分析，活动分析。如此就能知道某次活动的效果到底好不好，不好的地方如何改进，好的地方如何积累。每次活动结束，都要做好记录和复盘，方便下次活动的对比参考。

（5）用户的来源渠道分析。搞明白了多数用户从哪里来，就可以增强各渠道的推广效果。

2. 做好用户和粉丝的运营

通过数据分析，做好用户和粉丝运营，关键在于以下几点：

（1）找到了用户的来源渠道，也就知道了去哪里做营销推广。比如，多数用户都是40岁，已婚男士，成功人士，就要分析这类用户都在哪里聚集，找到这些渠道，就可以跟这些渠道上的商家合作，制定水平战略，联合营销。

（2）漏斗分析。用户从看到广告开始到点击浏览，会过滤掉一部分意向不明确的用户；到了购买时，又会过滤掉一部分；分享评论时，又会过滤一部分用户。分析每个步骤,就能找到问题的根源,提升各步骤的行动转化率。

(3)粉丝,是用户运营的核心。每次活动,都要关注这些人数的变化。当月的活跃用户减少,要找出问题,做一些老客户访谈,采取不同的运营手段。

(4)深入挖掘用户和粉丝的价值。主要内容有复购追销、用户传播、用户反馈等。

(5)用户分类,差异化服务。不同的用户,带来的价值也不同,要把垃圾客户让给竞争对手。

(6)确定好需要分析的细分用户。不同群体的特性不同,分析的维度也不同。

(7)A/B 测试。要针对用户制订多套方案,寻找最优解,提升点击率和转化率。

(8)通过跟同行的数据对比,发现不足,持续改进,为后面的运营计划做好指导。

(9)挖掘用户的需求,有效地引导用户产生购买需求,持续改进产品和服务。

# 第九章

## 上下结合：打造线上线下的闭合圈

# 线上网店

## 利用外链发布，直接跳转

抖商可以在个人主页中设置一个外部链接跳转按钮，用户点击后，就能直接跳转到 H5 店铺页面，完成下单购买。比如，在优衣库的抖音官方账号主页中，有一个黄色的"新品上线"超链接标签，点击该链接，就能跳转到优衣库的店铺主页中，挑选商品并下单购买。

首先，在个人电脑后台的左侧导航栏中选择"个人设置"选项，进入设置页面，开启"落地页"功能，在"显示名称"文本框中输入想要在抖音个人主页中展示的外链按钮名称。

然后，在"链接地址"中输入企业的官网地址。

单击"保存"按钮，外链通过系统审核后，就能在抖音用户主页中显示出来。

## 利用商品橱窗，直接销售商品

抖音的商品橱窗功能，由原来 1000 个粉丝的门槛，降到只要发表 10 个视频，外加实名认证，就可以开通。

商品橱窗不仅会显示在信息流中，还会出现在个人主页中，方便用户查看该账号发布的所有商品。"抖商"可以在商品橱窗中添加商品，直接进行商品销售。

淘宝和抖音合作后,很多百万粉丝级别的抖音号都成了名副其实的"带货王",捧红了不少产品;而且,抖音的评论区也有很多"种草"评语,让抖音成了"种草神器"。

## 利用抖音小店,内部完成闭环

抖音不仅积极捆绑淘宝加快内容变现,还上线了抖音小店,打造了自己的卖货平台。

自从抖音打通淘宝,眼尖的"抖商"已迅速占领这片沃土,收割了第一批红利。

要开通抖音小店,首先要开通抖音购物车和商品橱窗功能,并需要持续发布优质原创视频,同时解锁视频电商、直播电商等功能才能申请,满足条件的抖音号会收到系统的邀请信息。

抖音小店对接的是今日头条的放心购商城,用户可以从抖音帮助页面进入入驻平台,也可以通过PC端登录,注意要选择抖音号登录。

目前抖音小店入驻仅支持个人入驻模式,商家入驻抖音小店的基本流程如下:用户根据自己的实际情况填写相关身份信息,设置选择主营类目、店铺名称、店铺LOGO和上传营业执照等店铺信息,等待系统审核即可;入驻审核通过后,就能开通抖音小店了。

抖音小店是抖音针对抖商内容变现推出的一个内部电商功能,通过抖音小店,无须跳转到外链就能完成购买,在抖音内部就能直接实现电商闭环,便于抖商更快变现,为用户带来更好的消费体验。

## 利用DOU"加热",提升点击率

"DOU+"是一款视频"加热"工具,购买并使用后,它可以将视频推荐给更多兴趣用户,提升视频的播放量与互动量,提升电商的视频点击率。

具体过程如下:

(1)打开抖音,选择想要"加热"的视频作品,点击右侧的分享按钮。

(2)在视频分享页面,点击第二排的"DOU+速推"按钮。

(3)进入"DOU+上热门"界面,在"投放目标"列表框中选择"购物车点击"选项。

(4)执行操作后,设置相应的投放金额,预计提升的播放量,点击"支付"按钮。

# 线下门店

## 认证蓝V账号,帮助抖商引流带货

企业认证,不仅可以给企业提供服务,也会进一步规范平台运营并增强企业账号的公信力。

抖商进入"抖音官方认证"界面,选择"企业认证"选项进入其界面,需要提供企业营业执照和企业认证公函,准备好相关资料后,点击"开始认证"按钮即可。接下来,就可以设置相应的用户名称、手机号码、验证码、发票接收邮箱以及邀请码等，同时上传企业营业执照和企业认证公函，点击"提交"按钮。

成功认证"蓝 V"企业号后，会享受多种专属权益：权威认证标识、头图品牌展示、昵称搜索置顶、昵称锁定保护、商家 POI 地址认领、私信自定义回复、内容营销工具、"转化"模块等，帮助企业更好地传递业务信息，与用户建立互动关系。

通过抖商认证，可以获得如下权益：

（1）商家 POI 地址认领。企业号可以认领 POI 地址，认领成功后，就能在相应地址页展示企业号及店铺基本信息，还能为企业提供信息曝光及流量转化。

（2）"DOU+"功能。对视频进行流量赋能，将自己的作品推荐给更精准的人群，从而提高视频播放量。

（3）昵称锁定保护。已认证的企业号昵称具有唯一性，杜绝盗版冒名企业，能够有效维护企业形象。

（4）权威认证标识。账号头像右下方会出现"蓝 V"标志，并显示认证信息，彰显官方权威性。

（5）"转化"模块。抖音会针对不同的垂直行业，开发"转化"模块，提升转化率。

（6）昵称搜索置顶。搜索时已认证的昵称会位列第一，帮助潜在粉丝第一时间找到你。

（7）头图品牌展示。用户可自定义头图，直观展示企业宣传内容，吸引用户的眼球。

（8）私信自定义回复。企业号可以自定义私信回复，提高与用户的沟通效率。

## 将扫码拍视频领券利用起来

在短视频信息流中，只要点击POI标签，就能进入店铺详情页。详情页，不仅可以直接通向企业官方账号，还能展现出店铺的推荐产品。同时，本地服务类"抖商"可以利用详情页中的"扫码拍视频领券"功能，在抖音上为自己的线下门店投放优惠券，吸引更多精准流量。

具体过程如下：

首先，"抖商"使用电脑端登录头条号后台，依次进入"抖音→商家运营设置→营销活动→卡券"平台页面，创建一个"扫码拍视频领券"的门店活动，生成相应的二维码。

接着，用户扫描商家提供的二维码，在商家认领的POI地址下拍摄视频并发布，领取商家卡券，鼓励用户在线上进行创作和分享短视频，吸引更多用户，为店铺在抖音增加曝光量。

## 用店铺主页领券吸引用户进店

如果"抖商"的线上流量非常大，就能通过"POI+优惠券"的营销组合，在抖音上展示自己的店铺信息和活动，将流量引入线下，增加用户到店消费的动机，实现消费转化。

举个例子：

"成都吃客"是成都的一个本地餐饮"网红"品牌，很多抖音粉丝都会慕名前往消费。为了吸引客流，"成都吃客"在抖音平台上的POI详情页中，推出了电子优惠卡券，用户在线上领券，就能前往线下消费，将线上的流量引入线下，提升门店的客流量，打造出完整的O2O商业闭环。

## 话题挑战，快速引爆线下门店流量

POI的核心在于用基于地理位置的"兴趣点"来链接用户痛点与企业卖点，吸引目标人群。

大型的线下品牌企业可以结合抖音的POI与话题挑战赛进行组合营销，提炼品牌特色，首先找到用户的"兴趣点"来发布相关的话题，吸引大量感兴趣的用户参与，同时让线下店铺得到大量曝光，而且精准流量带来的转化也会为企业带来高收益。举个例子：

林芝是一个美丽的景点，每到桃花盛开时，都会吸引大批游人前往观光。基于用户的这个"兴趣点"，抖音发起了"#雪域林芝桃花"的话题挑战，线下商家可以邀请"网红"参与话题，并发布带POI地址的景区短视频。对景区感兴趣的用户看到话题中的视频后，都会点击查看，进入POI详情页，就能看到商家的详细信息。这种方法，不仅能够吸引粉丝前来景区"打卡"，还能提升周边商家的线下转化率。

在抖音平台上，只要有人观看你的短视频，就能触达用户。

POI可以拉近企业与用户的距离，在短时间内实现最大流量的品牌互动，方便品牌进行营销推广和商业变现。同时，POI搭配话题功能加上抖音天生的引流带货基因，也让线下店铺的传播效率和用户到店率提升。

# 第十章

## 抖音变现：不能赚钱的广告不是好广告

## 抖音广告的变现方式

对于抖商来说，涨粉重要、引流重要，变现更重要！做再多的宣传，不能实现变现，粉丝也只能成为数据。下面我们就来介绍几个广告变现的方式。

### 销售广告

针对抖音垂直领域的深耕用户，粉丝画像一般都非常清晰，只要构建合适的场景需求，尤其是在美食、搞笑、旅游、音乐、表演等方面，广告商提供曝光的内容，抖商就能在自己的短视频内容中植入硬广或软广。

需要注意的是：广告内容不能太硬，不能直接出现联系方式。

### 卖号变现

抖音涨粉相对轻松，只要发个爆款视频，一天就可以涨几十万甚至上百万粉丝。结合抖音特性，做出适合抖音的内容，批量做账号出售也是一种变现途径。账号价值的评判标准就是粉丝量和粉丝属性。其中，粉丝属性一般分为泛娱乐的粉丝、垂直类目账号粉丝、精准粉丝。比如，搞笑粉、情感粉、宝妈粉。跟泛粉比起来，精准粉单价高十几倍。这种模式多数都由团队批量操作，一机一号，先养号一周左右，然后批量做内容。

### 知识付费变现

把部分专业知识免费分享出去，如果人们喜欢或想继续深入学习，就会给你付费。比如：

（1）教育培训。可以直播如何提分的技巧培训。

（2）舞蹈培训。可以展现舞蹈的魅力及塑形作用。

（3）宝妈训练营。可以教导如何当一名启蒙"好妈妈"。

（4）PS教学、短视频制作教程。可以播技术流、特技炫酷……

### 线下引流

发布抖音时，要带上你的店铺位置，优先展示给本地用户。

招商加盟的抖商，要直接通过抖音招收加盟商。

# 抖音广告变现的常用平台

抖音广告变现的常用平台共有以下五个：

### 抖音：星图平台

星图平台是抖音的官方推广任务接单平台，主打功能是为品牌主、MCN（Multi-Channel Network）公司和明星及达人提供广告任务，撮合服务并从中收取分成或附加费用。抖音推出的"星图平台"，有效促进了广告主和抖音达人之间的广告对接，进一步收紧了内容营销的变现入口。如今，用户可以通过两种方式入驻"星图平台"。

1．"星图平台"的主要意义

"星图平台"的主要意义如下：

（1）打造更多变现机会。高效对接品牌和头部达人及MCN机构，达人不仅可以施展才华，还能拿到不菲的酬劳。

（2）控制商业广告入口。有效杜绝抖商和MCN机构私自接广告的行为，让抖音获得更多的广告分成收入。

### 2."星图平台"的优势所在

（1）与抖音认证。"星图平台"开启了MCN认证计划和"星图服务商"等合作战略，提速了商业化进程。抖商可以跟抖音认证MCN签约，接受MCN提供的更多服务。MCN机构的主要工作是：储备和运营达人资源，协调达人完成订单，高效管理交易流程，提升用户体验，帮助品牌实现营销，获得抖音认证MCN，获得专属平台运营指导。只要满足条件，就能申请抖音认证MCN；审核通过，就能进入"星图平台"接单。

（2）与抖音官方签约。与抖音官方签约，即内容合作，只要入驻"星图平台"开通账号，就能接单。登录"星图平台"后，后台管理页面主要包括"账户信息"和"任务信息"两个部分。

在任务列表中，使用任务筛选器，就能对任务进行定向筛选，发现感兴趣的任务后，单击"详情"按钮，就可以进入单个任务详情页查看。同时，还能决定是否接受来自品牌客户指定的广告任务，如果对该任务感兴趣，单击"接受任务"按钮，就能正式开始任务流程。然后，根据客户需求构思创意并上传视频脚本，经过客户审核，就能正式进行视频创作了。视频制作完成并与客户确认后，就可以发布作品了。

### 映客：映天下

"映天下"是一家达人营销的数字营销企业，与时尚、美妆、美食等领域有内容创作、粉丝流量、带货转化等能力的抖商合作，帮助他们在社交平台寻求更多的机会。映客推出的"映天下"商业平台，不仅可以对接更多的商家资源，还能将主播的商业直播权牢牢握在手里。

### 1. 入驻方法

主播在线签署《"映天下"主播入驻协议》完成签约并提交个人资料，通过审核后，就能成功入驻平台，成为"映天下"合作主播，获得接受商业活动的权利。

### 2. 入驻福利

签约主播可以承接商业合作获得收入分成，不会因商业直播被审核拉黑。表现优异的主播，还有机会参与平台的各种活动和综艺节目，获得深度培养和打造的机会。

## 快手：快接单

"快接单"是由北京晨钟科技推出的一个推广任务接单功能，目前只有少数受邀用户可以使用。抖商可以自主控制"快接单"发布时间，这样流量稳定有保障，它有多种转化形式，保证了投放效果。

快手的广告形式主要有品牌推广和应用推广两种。

### 1. 品牌推广

点击"查看详情"按钮，就能进入指定的落地页；同时，快手平台的视频信息流广告推广还支持定向功能。比如，地域定向，按省级、城市维度进行定向推广；按目标用户的性别定向，通过细化年龄区间，来让产品直接触达目标消费者；手机系统，支持 iOS 和 Android 手机系统定向；联网类型，支持按 Wi-Fi、4G、3G、2G 等不同的联网方式定向；收费方式，主要有 CPM、CPC、

CPD 等。

### 2. 应用推广

可以提供直接下载应用的服务，用户只要点击广告页面中的"立即下载"按钮，就能直接进入下载页面。

## 陌陌：陌陌广告

目前，推广品牌、应用等广告都能在陌陌上投放，抖商只要提供正规合法的营业执照信息，并联系附近的代理商进行广告的投放即可。抖商可以按照区域、性别、年龄、系统等四个维度进行投放，系统会对不同行业给出默认出价，抖商可以自行调整出价，还可以设置广告投放的开始时间和结束时间。

抖商可以在"陌陌广告"平台上邀请中意的达人，拍摄满足品牌需求的原创视频；同时，以达人的名义发布个人动态，通过达人的粉丝流量、粉丝互动转发实现高转化的广告效果，达到真正的品效合一。

## 美拍：美拍·M计划

"美拍·M计划"由美拍推出，一旦注册成功，平台就会为不同属性的抖商分配不同的广告任务，抖商只要完成，就能获得相应的收入。"美拍·M计划"可以为用户提供如下服务：

（1）优质用户。有影响力的抖商和有实力的抖商。

（2）数据服务。公平公开的价格体系以及全面的效果评估系统。

（3）交易服务。通过正规的线上交易流程，为用户提供放心的资金管理。

（4）结算服务。接到系统发出的广告任务后，可以自行选择接单还是拒单。订单创建的24小时内，如果没有进行操作，就会流单。接单后，要根据商家的要求拍摄短视频，并在规定的时间内提交任务，在客户端发布时选择相应任务即可完成提交。

# 短视频广告合作的变现流程

在短视频领域中,对于拥有众多粉丝的账号和抖商来说,广告是最简单、直接的变现方式,只要在自己的平台或短视频内容中植入广告主的广告,就能获得一笔不菲的收入。

## 短视频广告合作的变现方式

广告变现是短视频盈利的常用方法,也是比较高效的一种变现模式。短视频平台的广告形式可以分为很多种。比如,冠名广告、植入广告、品牌广告以及贴片广告等,如表10-1所示。

表10-1 短视频平台的广告方式说明

| 方式 | 说明 |
| --- | --- |
| 冠名广告 | 所谓冠名广告就是,运营者在平台上策划一些有吸引力的短视频或挑战赛活动,设置相应的活动赞助环节,吸引抖商的赞助来实现变现。这种广告变现的主要表现形式有三种:片头标板、主持人口播和片尾字幕鸣谢 |
| 植入广告 | 所谓植入广告就是,短视频创作者在视频内容中软性植入广告。在短视频里,一般不会介绍产品,也不会直白地夸产品效果有多好,而是将产品渗入视频情节中,在潜移默化中将产品信息传递给观众,让他们更容易接受产品 |

续表

| 方式 | 说明 |
|---|---|
| 品牌广告 | 所谓品牌广告就是，以品牌为中心，为品牌和企业量身定做的专属广告。这种广告形式从品牌自身出发，可以很好地表达企业的品牌文化和理念，能够打造更自然、更生动的广告内容。这种广告变现更高效，制作费用也相对较贵 |
| 贴片广告 | 所谓贴片广告就是，通过展示品牌本身来吸引大众注意。这种广告变现形式主要出现在推送的视频内容中，且一般出现在片头或者片尾，紧贴视频内容 |

## 短视频广告合作的基本流程

短视频广告合作的基本流程如下：

### 1. 预算规划

广告主进行广告预算规划，选择广告代理公司和短视频团队，进行意向沟通。

### 2. 价格洽谈

广告主明确表达自己的推广需求，根据广告合作形式、制作周期以及抖商影响力等因素，与合作方商谈价格。

### 3. 团队创作

广告主跟短视频团队充分沟通品牌在短视频中的展现形式，确认内容、脚本和分镜头等细节创作。

### 4. 视频拍摄

在短视频团队的实际拍摄过程中，广告主或代理公司要全程把控，减少改动，抓牢内容质量。

5. 梁道投放

将制作好的短视频投放到指定渠道，吸引粉丝关注；同时，做好效果量化和评估等，以及后期的宣传维护工作。

#  抖音广告变现的原则

## 争取最初 10 分钟

说到节点，最直观的就是时间节点。抖音短视频 App 会不停地向我们更新推送的内容，不同于首页推荐，热搜上的视频是由实时点赞数排名决定的。其中，关键词热搜榜和音乐热搜榜大约每小时更新一次；抖音热搜中的视频榜更新极快，大约每 10 分钟就能选出一批人气增量较快的视频。

如果某抖商于 15：00 前发布视频，后台将会统计 10 分钟内的爆发力；如果截至 15：10，该视频点赞数进入前 20 名，则会刷新在视频榜上；若在 15：00 后发布，则要统计满 10 分钟，在 15：20 的榜单上会被刷新出来。也就是说，发布后 10~20 分钟是冲上抖音视频热搜的时限。

尤其是最初的 10 分钟，只要出现在榜单上，在接下来的 10 分钟内就能被更多的人看到，从而保持竞争力。前 20 名通常会在 20 分钟保持相对稳定的位置，之后热度慢慢下降，被新的视频代替。因为只统计 10 分钟内的爆发力，抖音视频榜也就不会被流量明星的视频长期垄断，"草根抖商"也就获得了更

多的展示机会。

那么,抖商究竟该怎么抓住这10分钟呢?

1. 鼓励转发

最初的转发一般都来自核心粉丝和好朋友,为了增加被转发和被其他人看到的概率,抖商完全可以在视频中@粉丝中活跃度较高、流量较大的人。

2. 多加互动

除了抖音本身,还可以将头条号、微信、微博等全部利用起来。比如,在QQ群、微信群中通过分享链接的方式让他人看到。

3. 多发视频

早期粉丝数量不多,被主动搜索的概率并不高,从抖音后台机制来看,发布视频越多,就越容易被用户发现。

4. 借助热点

尽量使用高赞数、高搜索的音乐和热搜榜中的话题,通过其影响力来增加曝光度。

## 抓住用户集中时段

要想提高广告变现的效率,就要争取最初10分钟黄金时间。

数据显示,每位抖商平均每天的观看视频时间约为20分钟,至少可以看80多个完整的短视频。这20分钟并不是完整的时间段,而是由碎片化的观看时间拼凑起来的。在一天内更新的2万条视频中,破1000条发布量的主要集中在13:00到22:00,抖音用户最活跃的时间为下午到晚上。此外,

17：00-19：00为下班时间，多数用户都处在回家后吃饭的当口儿，也是发布视频的集中时段。卸下了一天的疲惫后，人们需要娱乐来转换；同时，只有这个时段，人们才最闲暇，最有可能去拍摄视频。

点赞数量的分布略有不同。虽然同样集中在下午到晚上，但峰值却出现在13：00和18：00两个时段，一个是午休时间，另一个是在回家的路上。有了数据的支持，就能判断出视频发布的节点——跟着点赞峰值走。如果抖商想让自己的视频被更多人看到，就可以在这两个点赞峰值时间段发布信息。

不过，特定的主题、特殊的节日、独特的商品，都可能成为影响因素。再加上，抖商都有个人喜好，并不是每个抖商都是视频营销的核心用户群。

## 丰富视频内容

如果时间是物理节点，那么原创就是心理节点。即使是再优秀的营销和推广，也只能增加"引流"效率和提高变现机会，而最终是否能够持续变现，还要依赖于内容。毫无内容的短视频，即便采用多种营销方式，吸引了大批粉丝，也会迅速"脱粉"。只有合理经营粉丝，才能转化为购买力；只有经营好流量，才能成功变现。

### 1. 品牌推广

脱离品牌的短视频固然好玩，但对于流量变现的意义并不大。品牌既然很重要，就要树立品牌虚拟形象，或者直接推广品牌产品。建立品牌文化，就要从原创的角度出发，避免"山寨"。最常见的手法就是对品牌关键词和

LOGO等的"山寨",尤其是在主动搜索的过程中利用相似性提高自己的曝光度。

2. 服务拓展

我们看到的多数同行业抖音号,都存在一个"借鉴"的问题,比如,宣传手机的拍照功能,都借鉴了手机摄影等技巧。之所以要进行服务拓展,主要还是为了给粉丝提供更多的价值,如果内容雷同,就成了炒作。因此,在提供拓展服务时,最好选择自己享有原创保护的内容,大到新的产品专利,小到独创的烹调手法。

## 重视知识变现

要想在抖音上保持生命力,自然少不了才艺展示。抖音是一个音乐视频社区,最常见的才艺当数舞蹈、模仿秀,以及摄影、软件技巧、厨艺教学等。这些内容,不仅能够作为拓展服务赠送给粉丝,也能作为行业知识本身来变现。

近年来,随着移动互联网的发展,手机视频教育行业发展迅速,只要有一技之长,就能通过录制系列视频的方式进行教学分享。那么,如何进行知识变现呢?

1. 收费问题

抖音除了直播可以打赏,目前还没有出现其他支付方式。因此,抖音展示才艺、分享知识的最终目的,还是吸引粉丝,通过其他平台完成转化。比如,通过淘宝、微商城等对详解视频、讲义资料售卖的方式把知识变现。

## 2. 时长问题

广告内容一般都无法向粉丝全面展示，而剪辑可能会导致内容不全，因为可以采用"关键步骤字幕+变速"的方式来变现。此外，拆分知识点也是一种有效方法，这也是抖商需要掌握的基本技能。

## 3. 受众问题

在抖音上，并不是任何才艺都能变现，最热门的当数美食烹饪、手机摄影等领域。但需要在电脑上操作的教学，转化率一般都不太高。比如，软件教学，最好只做效果展示。

# 第十一章

## 重视复盘：告诉自己，复盘真的很重要

# 什么是复盘

抖音的运营者都希望通过自己的努力获得回报,成为抖音"大V",但只有过程还远远不够,还需要复盘。

如今,国内有很多知名企业都把"复盘"的理念引进公司的管理运营中,比如,联想柳传志、万达王健林、360周鸿祎等,他们都将"复盘"作为指导企业战略发展的重要工具。那么,到底什么是复盘呢?简单说来,项目复盘指的是对已完成的项目进行的深度思维演练。

做项目时,要关注该项目取得了哪些目的复盘,更要重视整个项目过程的重新演练,发现问题,分析问题,积累成功和失败的经验,为接下来的决策和战略提供更具有价值的参考,并得出实际可行的解决方案。

项目的复盘是动态且连续的。复盘是以过程为导向,重视学习和提升。通过复盘,不仅可以让团队对项目的整体规划和进度有一个认知,还能让参与复盘的人员在项目管理及专业技能上有所收获并积累学习经验。经过复盘,对多个地方进行改进,最后形成一个可执行的、可衡量的专业流程。

任何项目,不管是从0到1,还是版本迭代,基本都会包含几个核心阶段。复盘就是把每个阶段的具体工作进行分解,对每项工作的顺利程度进行分析,发现问题点在哪儿,如何更好地优化,而这也是复盘的内容结构。

在抖音运营中,要想复盘项目结构中的某个项目目标,就要从下面几个方面做起。

（1）要从总体上看是否按照计划的交付时间按时交付，切换到抖音运营就是，是否按照原计划实施了每天发送视频的目标。

（2）按照原计划的需求点实现了多少转化，得到了多少点赞？哪些需求点没有按目标计划实现？有些粉丝点赞后为什么没有关注我们？各需求点延后的原因分别是什么？

（3）发现复盘结果。在这个结果中发现了多少意外的问题？为什么会出现这些问题？尝试新方式后，粉丝接受程度如何，是否与我们的目标计划保持一致？

针对上述问题，都要仔细分析并根据数据写出报告，做好总结，最后拿出可行的目标方案和实施计划。

## 抖商为什么要做复盘

作为一个抖商，想要让自己的抖音火起来，就要做好管理，把抖音视频作为自己的产品，自己做产品经理人。

走向管理的第一步，首先就要总结得失。每个抖音从开始发布到结束，或多或少都会出现计划之外的突发状况，而复盘就是绝佳的反思机会。视频发布的得失，营销的错失和不足也需要一条条地罗列出来，经过深入思考，才能提升自己的总结能力。只有科学复盘，才能让抖音更加科学地走向爆红，才能

促进抖商的销售量。

复盘,不仅是一种总结,更是调整运营方向的依据。过去,总结都以结果为导向,关注点是取得了哪些成果和不足;而复盘是将整个过程进行重演,按照1∶1的比例复制整个操作过程,对结果进行对比,并从中找到问题的假设性原因。

### 1. 对比目标的详细完成情况

只有对目标进行回顾和改进,才能制定出科学的目标。不科学的目标,只能导致失败,这也是造成团队挫败感的原因之一。比如,某舞蹈类抖音账号计划每天都发布视频,让各视频的点赞数都达到10万。结果,各视频的点赞数只有几百。经过复盘,他们发现:未完成计划的主要原因在于,视频内容和目标不符合。为了改善这个问题,他们在视频内加入了女性舞者,同时将视频拍摄从室内转移到室外。结果,发布的第一条视频,就吸引了4万多的点赞数。

目标复盘对抖音运营的重要性,由此可见一斑。

### 2. 执行全过程的客观描述

采用鱼骨图的方式,将整个过程的操作环节记录下来,包括叙述过程、自我分析和众人设问。

(1)叙述过程。完整地描述整个运营的过程,能让参与该抖音号制作的人员清晰地了解整个事件,减少在沟通上的时间成本。

(2)自我分析。为了更精准地找到问题所在,只有客观分析,才能分辨出事件中的可控因素。当然,之所以进行复盘,并不是为了对执行过程中的个人进行处罚,而是为了找到问题、提出方案。

(3)众人设问。从团队成员的视角设问,有助于突破个人见解的局限,将众人的智慧都发挥出来，探索出更多的可能性。

### 3. 找到问题，关注细节

在复盘中，只进行数据（点赞、评论、转发、粉丝数）层面分析，只对用户进行分析和总结，忽视了运营诉求以及投入产出等目标维度的对比，也就无法发现问题。只有关注细节，才能发现问题，因此抖商在运营时必须关注具体的操作细节，包括背景音乐、道具使用、标题和话题、发布时间、发布定位、新增粉丝数、净增粉丝数等，找到没有实现目标的原因或超额完成目标的原因，采用倒推的方法找到亮点和不足，最后再重新制定目标。

### 4. 提出解决方案

要培养发散思维，尽可能多地提出可行性解决方案，陈述方案的优势和可能出现的劣势。比如，在内容创作中，如果脚本的亮点过于滞后，就需要在视频的标题中提前加以引导；如果完整的视频时间太长，可以采用分集播放的形式，或在剪辑过程中加入特效，或者在发布后用标题将视频字幕的位置遮挡住等。

### 5. 储存备案，作为经验积累

复盘记录和总结之间的区别在于，复盘是为了给后续工作提供方向和指引，以学习为主。不管过去的视频数据是好是坏，这些都是已经发生的内容；复盘无法改变过去的事情，但可以为日后的优化提供方向。此外，只要运营人员的岗位发生变动，一份完整的复盘记录会让后来的替任者快速地掌握整个账号的信息，顺利完成工作。

### 6. 分析数据走向和行业对比

在复盘中，要加入行业走向和同行对比。其实，多数抖音从业人员的精力仅能满足于自己从事的本职工作,而抖音运营者不仅需要承担分析同行的责任,还要将分析得出的结论分享在复盘结论中,方便众人了解目前的行情走向,实时调整内容方向,最大化地解释运营效果,并为改变运营方向提供数据基础,让参与人员提出更多的可行性方案。

7. 让改进方向更明确

复盘的数据化运营的最后部分,承担着纠错的功能,视频的实际互动效果、抖音账号健康度都是运营结论最基础、最根本的体现。

## 复盘的结果检测

### 呈现目标复盘的结果和方案

"复盘"这个概念最早出现于股市中,后来被联想集团运用在企业实践中,成为实践总结的重要方法论。

1. 定义目标问题

复盘的本质是解决问题。在回顾目标这个环节中,要考察"当初定的目标是什么"和"现在做成的结果"之间的差异,然后根据差异分析原因,寻找解决方案,并开展后续行动,最终形成一个科学的目标计划。

目标和现状之间的差异就是通常所说的"问题",复盘就是要通过回顾实际经历,发现问题、分析问题并解决问题,不断吸取经验教训,将经历转化为经验，推动组织和个人的成长。

在复盘中，比较结果与目标的差距，找出成功之处（正向偏差）和可提升之处（负向偏差），其实就是在"定义问题"。回顾目标也是如此。必须为目标问题设定一个科学定义，为日后的原因分析打下基础。

定义目标问题时，要清晰地将"目标"和"结果"之间的差异描述出来。合适的问题定义应该包含以下两方面：

（1）描述目标与实际现状的差距。比如，计划是……结果……

（2）具体描述问题中的信息。比如，时间、地点、人物，包括次数、数量等统计信息。

### 2. 对目标复盘的结果和方案呈现

回顾目标应该至少包含三部分内容：目标是什么(What)；目的是什么(What)；怎么样(How)。其中，策略和路线最重要，也是目标复盘需要解决的两个问题。

在定义目标问题中，首先要这样描述：在规定时间内，计划完成20个视频，已完成；计划实现累积点赞量20万次，只达到15万次，差5万点赞；计划增粉2万人，只达到1万人，差1万人。

接着，对这个描述进行总结和解析。根据你的抖音类型、粉丝属性、发布时间、视频内容等，就可以分析出原因。

然后，设定一个改进后的目标策略和路线。比如，在规定时间内，仅靠一种视频内容，无法获取2万粉丝；发现没有特效的视频，粉丝点赞数少。

根据这些问题，倒推方法，最后再回归到制订目标中，根据时间、粉丝属性、视频内容等制订一个科学合理的目标，让抖音运营变得更加科学和专业。

## 结果对比,发现亮点和不足

在复盘过程中,结果对比非常重要。

所谓结果对比就是,对结果与目标进行对比,发现二者之间存在的亮点和不足。比如,顺利完成目标任务;超预期完成并取得优秀成绩;未完成目标且比预期差……记住:结果对比的目的不是为了发现差距,而是为了发现问题。

在复盘中,只进行数据层面的分析,没有从整体抖音运营的诉求以及投入产出等目标维度进行对比,就无法发现问题。这样的结果对比,复盘也就毫无意义。所以,在结果对比中要更加注重实战,找到根源问题。

1. 对结果进行陈述

结果陈述主要是数据的展示,复盘时,要把数据拿到前面。为了更直观地体现结果达到预期,不仅要将实际结果跟各自目标指标做对比,还要引入外部典型项目样本,让结果评估的结论更好,进一步拓展抖音团队的横向运营视野。

2. 只描述亮点和不足

做完结果陈述后,要通过对比发现运营过程中体现出来的亮点和不足。抖音运营中,如何寻找亮点和不足呢?

(1)亮点。参加抖音的挑战赛等活动,了解增粉流程;在短时间内弄清楚粉丝的需求;根据粉丝需求快速呈现出更多样化的视频;发起一个有意思的挑战赛,赢得上万人参与;抖音视频封面得到点赞。

（2）不足。视频里呈现出来的内容逻辑不清，粉丝需求不明确；遇到问题时，自己无法确定，需要向上级报告；粉丝流失很快；不知道下一个视频的设计逻辑是否符合粉丝的最新要求。

在结果对比的复盘环节中，要清楚一件事：只描述结果和问题，不进行分析，不提出方法。

## 找到阻碍目标实现的原因

进行了上面的结果对比后，要进行深刻的复盘，进一步分析原因，找到阻碍目标实现的根本因素。可以使用的方法主要有以下两种：

1. 用鱼骨图进行剖析

在结果陈述环节，发现数据远超目标指标或远达不到目标指标时，就要进行分析和剖析。最有效的方法就是采取鱼骨图的方法，层层剖析，找准产生偏差的原因，并尽可能地结合项目现有数据进行验证。

使用鱼骨图进行剖析，可以简明扼要地抓住要害，分析出阻碍目标实现的原因，并根据这些原因找到解决方案。这是每个抖商都应该掌握的方法和技巧。具体剖析过程如下：

（1）填写鱼头，标注核心问题，并画出主骨。

（2）画出大骨，填写主要原因，同时列出不少于四个导致问题产生的核心影响因素，将它们作为大骨(主因)。

（3）画出中骨、小骨，填写中小原因。主要原因是业务逻辑，必须选择中性词描述；中小原因必须使用效果判断；小原因跟中原因之间，要有直接原

因和问题关系，应分析出方法和对策。

### 2. 用表格呈现成败的具体原因

在分析原因的环节中，要利用表格一目了然地呈现出影响成败的具体原因。

（1）成功原因。比如，技术同事对视频制作和特效的环节非常熟悉；技术同事在原型及需求的基础上提出了很多意见；之前模仿过一些"大V"的活动，做出过跟风行动，大获成功；通过前面的活动，对产品的工作流程有了切实的体会和理解；团队有了较愉快的沟通交流；得到了"大V"的转发和宣传，自己的抖音能够快速火热。

（2）失败原因。比如，没有站在粉丝角度观看视频；对一些新的文化概念和流行用语不理解，没有及时跟上形势；团队内部没有完整的粉丝需求清单；抖商对技术不了解；没有对粉丝提出的问题进行改进和优化；运营方面提出紧急需求，导致产品、开发、设计、前端和测试时间紧张，可能存在风险。

将成败的具体原因写在表格中，就能一目了然地复盘。

## 总结经验，发现不足

在复盘过程中，总结经验是一个非常重要的环节。前期的回顾目标、结果对比、分析原因等，都是为了可以总结出有价值的经验，找到自己的不足，然后进行优化改善。抖商同样如此。视频发送后，要根据粉丝点赞量、评论和转发等，对数据进行分析，找到点赞少的原因，发现自己的不足，发动团队力量，集思广益，做到优化。

1. 寻找解决方案

做抖音运营，复盘的核心目的是从行动中学到经验教训，并将其付诸后续的改进。因此，确定导致成败的关键原因，找出解决方案，也是复盘过程中最重要的步骤。那么，如何判断复盘的结论是否可靠呢？

（1）复盘的结论是否排除了偶发因素？也就是说，要知道在复盘过程中经历的事件，分析得到的原因是否具有普遍性。这些内容是否适用于多数情况？如果仅仅是个例，是否有一定的偶然性？

（2）复盘结论是指向人，还是指向事？在复盘过程中，很容易混淆一件事，那就是对事和对人。记住：团队复盘总结经验时，应该对事不对人。

（3）复盘结论的得出，是否经过多次的追问？复盘总结经验时，最好连续三次追问"为什么"，不能简单地得出结论。一些根本性问题更要进行深刻剖析，不能仅停留在具体事件或操作层面。

（4）是否有类似事件的复盘结果能进行交叉验证？复盘时，发现以前的问题又出现了，以前的经验也可能用得上。所以，在这个过程中，如果有必要交叉验证，就要交叉进行。

2. 将经验化为行动

想要让复盘真正起作用，就要落实到具体的行动计划，并执行到位，注重后续反馈。

根据复盘的经验，在考虑后续行动时，需要兼顾以下几个关键要素，如表11-1所示。

表 11-1 复盘需要兼顾的几个关键要素

| 关键要素 | 说明 |
| --- | --- |
| 开始做什么 | 基于从复盘总结中学到的经验教训,为了挽回损失、改进当前抖音运营以及未来的行动,可以开始做哪些事情 |
| 继续做什么 | 在这个阶段中,需要找出抖音运营团队中表现良好、需要保持下去的领域。如果想让成功的经验"复现",必须清晰地界定其潜在原因,明确需要保持或强化的领域 |
| 停止做什么 | 经过复盘,可能发现有些做法是不当的或根本无法获得粉丝的需求,就要停止这种做法 |

## 对复盘进行归档并实践

### 1. 对复盘进行归档

所谓归档就是,对复盘的过程和结论建立档案,形成有据可查的资料,将复盘中得出的认识以文本的形式保存下来,而不是记忆在参与复盘人员的脑中。

归档的作用具体如下:①将复盘得到的经验和认知知识化,方便传播和查阅。②便于抖商进行管理。③有助于保留复盘的智慧。④可以保留最真实、最准确的信息。

复盘归档是一种有价值的行为,把最真实、最准确的记录保存下来,可以保证每个人从复盘中得到的是同一信息,还可以让没有参与复盘的人掌握复盘得出的规律和经验,让他们在今后的工作中学习和参考,提高抖音运营的效果。

为了让复盘归档的文件更好地发挥作用,归档的目录上包括以下信息:复盘时间、复盘事件、参与人员、得出的规律和经验等。

## 2. 用实践验证结论

在复盘时，多半都会遇到这个问题：复盘得出的结论是不是真正的结论，是不是错误的或偏离现实？其实，复盘结论正确与否最好的验证就是实践。如果复盘得出的是真正有价值的结论，必然能够指导后面的实践，得出期待的结果，这就是复盘结论的有效性。可是，一旦进入实践阶段，就说明复盘工作已经结束，并不是复盘过程时就能确定。

复盘得出的结论是否可靠，必须在复盘的当时就做出一个判断。通常，可以通过两个实战步骤来进行评判。

（1）将复盘结果进行假设。在假设中，要做好两种准备。第一种是正面假设，第二种是负面假设。对于正面假设，自然是有效的；对于负面假设，则要列出可能会出现的负面信息、不良影响等。

（2）做一个测试版的实战。无论是开发产品，还是做抖音运营，都要根据复盘结果做一个测试版，这样对复盘的结论就会一目了然。

# 复盘的注意事项

复盘的注意事项如下：

## 1. 全员参与

复盘涉及整个执行过程中的所有人，每个人具体执行的工作都不一样，关注点也不一样，创意、想法都有区别。为了避免自我认定上的偏差，要提出

修改建议，进一步完善复盘的修正结论。

### 2. 客观公正

复盘的结果本身不在于处罚整个执行过程的任何个人，而在于找到问题、提出解决方案，因此，不能带有复盘者的主观情绪。

### 3. 提高精准度

考虑该行业领域的整体数据情况，降低客观原因对复盘结论的影响，最大化地提高复盘的精准度。

### 4. 验证分析

对上一周期的复盘结论进行验证，分析上一周期复盘结论的正确性和不足之处。

### 5. 数据真实

如果数据是假的或水分较大，就无法得出真实有用的复盘结论。

# 第十二章

## 紧抓数据：将数据利用起来是时代的要求

## 抖音数据的解读

数据运营有两个目的：找出问题和解决问题。通常普通的抖音用户可以看到的数据，包括播放数、点赞数、评论数、转发数、粉丝数等。

初级运营通常只能从上述五项数据的表现判断自己的视频质量如何；稍微专业点的抖音运营则会计算点赞率、评论率、转发率；专业的抖音运营除了会计算点赞率、评论率、转发率外，还需要明白这些数据背后的特殊逻辑。

### 1. 播赞比

播赞比反映了视频在流量池内受普通用户的欢迎度。

公式为：视频的点赞数÷视频的播放数＝播赞比

实验证明，播赞比的阈值组成为3%的点赞率是基础。通常抖音系统视为劣质视频的，减少推荐或不予推荐；10%以上的点赞率是准爆款视频，点赞率在10%以下的高于3%的视频会视为相对比较受用户欢迎的视频，抖音系统会给予相应的流量扶持，加大推荐力度，不配合相应的评论和转发，仅凭10%以上的点赞率，该条视频是无法成为爆款的。

### 2. 赞评比

赞评比反映了视频在目标用户中的受欢迎度和视频的互动效果率。

具体公式为：视频的评论数÷视频点赞数＝赞评比

较优质的爆款视频，赞评比的阈值为10%~50%，一般都是30%，低于

10%就很难成为爆款视频。

### 3. 赞转比

赞转比反映视频对粉丝的价值度,是抖音考验视频贡献值的关键一环。

具体公式为:视频的转发数÷视频的点赞数=赞转比

高转发量是打造爆款视频的关键!爆款视频的转发量一般都高于评论数,尤其是垂直细分领域的账号视频。

### 4. 粉赞比

粉赞比指的是粉丝数除以点赞数,还可以细分为账号总体数据的粉赞比和单条视频的粉赞比。

该数据反映的是视频在感兴趣的用户中的关注转化率,决定了视频的总体价值。

影响粉赞比高低的还有主页的风格、视频的结构等要素。

粉赞比也叫关注率,粉赞比越大,代表对应账号的吸粉能力越强。

### 5. 完播率

完播率反映了视频的优质度。

具体公式为:完播率=被用户完整播放浏览的数值÷视频播放数

这是一个容易让人先入为主产生误解的词,播放数并不能表明有多少人浏览视频的播放数。看了你的视频,只能表明抖音系统把你的视频推荐给了多少人。在保证内容完整的前提下,尽可能地缩短视频长度,是提升完播率的重要途径。此外,还可以运用抖音官方的"DOU+推广"进行测试,估算大概的完播率。

其计算公式为:(DOU+推广前点赞率×100×DOU+推广后互动数)÷

（DOU+推广后播放数）=完播率

这里，该公式要受到跳失率的影响。所谓跳失率就是，抖音内对该类型视频并不感兴趣的用户比例。一般而言，爆款视频需要达到80%的完播率。

## 流量池的突破标准

按照地域、兴趣爱好等标签，抖音系统将所有的视频用户细分为无数个小流量池，每个视频都需要冲破小流量池，进入下一个大流量池，获得更高的视频曝光量。没有冲破小流量池的视频，会停止视频推荐，视频就会停留在现有的播放量上。

流量池的突破标准是，参考包括完播率、点赞率、评论率、转发率等多项数值的综合评定打分。视频处于同一个流量池中，这四项数值的总评分超过50%，就是通过，可以进入下一个流量池；这四项数值的总评分低于50%，或有负面反馈，该视频就会被停止推送。

视频的负面反馈包括：视频被用户快速滑转和长按视频选择"不感兴趣"。此外，如果人工审核环节没有被通过，视频也会被停止推送或直接下架。影响人工审核通过的主要原因包括用户投诉视频内容、带有明显的营销内容、含有不符合抖音倡导的内容或标识。

# 解读抖音数据，提高权重

作为抖音运营者，数据分析是每个抖商运营的基本功。必须学会数据分析，并制订出相应的执行方案，进行测试。尤其做了一段时间，播放量不高的情况下，需要用到数据分析。播放量高，涨粉量不高、引流效果差，也需要数据分析。后续的操作，全凭数据指引方向，全凭同行指引方向。

1. 账号权重自我识别

截至目前，抖音官方并没有开通抖音账号权重查询的功能或者权限，对于绝大多数人而言，除非有相应的人脉关系，否则是很难确切地知道自己运营的抖音账号的权重的。因此，学会如何借助其他知识来预估账号的权重尤为重要，如表12-1所示。

表12-1 抖音账号权重预估

| 项目 | 账号权重值 | 说明 |
| --- | --- | --- |
| 僵尸号 | 0 | 对于账号运营而言，僵尸号是不具备任何运营价值的抖音账号，即便是作为推广视频的小号而言，一旦被判定为僵尸号，就不具备被救活的价值，就可以直接放弃了 |
| 最低权重 | 1 | 权重值为1的账号，一般是违反了某项抖音官方的规则。比如，视频内容不符合审核标准和社群规范，视频被强制下架的同时，会相应地降低权重值 |

续表

| 项目 | 账号权重值 | 说明 |
| --- | --- | --- |
| 待推荐号 | 2~3 | 此类账号发布的视频，即使与其他拥有10万粉丝以上抖商发布的视频内容一样，播放量也很难胜过后者 |
| 准推荐号 | 3~5 | 此类账号的视频基本可以获得较大的流量扶持，即使视频在刚发布时的2小时内所获得的正向评估指标不合格，只要有优质内容的视频，也可能成为爆款 |

2. 提高权重的技巧

如何提升账号的权重是关键，可以采用下面几种方法：

（1）卡住上架时间。为了卡住上架时间，可以采取下面两种方案：一是将所有的视频都固定在某一时间发布，在粉丝用户中形成思维定式，提升粉丝用户黏性；二是跟同行学习，参考他们的发布时间，做适当调整。

（2）模拟优秀同行的数据反馈。在成长为抖音的头部大号之前，重走优秀同行的成功之路，就是在复制他们经过实际检验的成功方式，达到弯道超车的目的。具体而言，参考的优秀同行越多，对内容输出的参考源就越多，成长的速度就越快。因此，要尽可能多收集并持续追踪这些账号的最新动态和历史爆款视频，进行复制或微创新。

（3）视频文案描述。文案描述尤其是视频标题的描述，必须坚持互动第一的原则，尽可能地调动用户参与评论或转发是提升账号活跃度的最佳方式。当视频的互动数据比较高时，即便视频的点赞率低于爆款视频的基础值，也能获得较大的曝光量。

（4）蹭热门话题和热门音乐。抖音官方推出的热门话题需要巨大的曝光量，蹭热门话题和热门音乐也是配合抖音官方宣传需求的一部分。养成蹭热门的习惯，也是提高账号权重的好方法。

（5）高分享率。视频分享转发，不仅可以增加视频的曝光量，还可以作为视频贡献值的参考指标。视频分享率越高，视频内容越受用户欢迎，对抖音用户的贡献值就越大。所以，高分享率往往是提升权重的有效方式。

# 多个维度深挖用户需求

挖掘用户需求是所有新媒体行业中最核心的一项技能，短视频运营也不例外。在抖音短视频运营中，挖掘用户需求主要涉及以下几个维度：

## 1. 用户的关注

直接在抖音账号的粉丝列表中查看关注本账号的粉丝用户，访问这些粉丝用户的账号主页，就能查看到粉丝用户所关注的视频账号，帮助运营者分析出目标用户的兴趣点和需求点，以及粉丝用户关注的KOL的性格特征，为运营者提供优化方向。粉丝用户量过于庞大，则可以借助外部工具进行数据抓取，提升运营效率。

## 2. 紧跟领域动态需求

用户的需求是动态的，不同季节、不同月份、不同地域、不同年龄段的粉丝用户以及平台、用户调性都会实时变动，带来的需求自然也处于不断变化中，因此内容策划环节虽然需要把控运营的方向，但也要对全网热点进行跟

踪，在每月或每周做出微弱的调整，应对不同时段的用户需求，输出让他们满意的内容。

3. 用户的评论

用户的评论主要集中在视频的评论区和用户的私信。用户在评论区评论的内容往往就是最直观的用户需求，其可参考性比付费的用户调研更高，只不过耗时更长，当单条视频的评论数达几万甚至十几万时，就无法进行全部统计，只能借助收费的外部工具进行数据抓取，提升运营效率。

4. 懂得借鉴和收藏

在日常运营的过程中，只要刷到热门的爆款视频，就可以先点赞收藏起来。这些爆款视频不一定与本账号的内容相关或相似，但可以在随后的内容策划中直接将爆款视频的元素和创意融会贯通。

## 避免走入大流量池的四大"坑"

想让视频获得较高的播放量，冲击尽可能多的细分流量池，不仅要了解比较容易形成爆款的内容，还要了解不会成为爆款的内容，知道阻碍进入大流量池的"坑"。

1. 刷粉明显

直接访问账号主页或直接从外部访问观看该视频的数据，都不在数据抓取范围内。一旦视频的实际互动数与抖音抓取的视频互动数差距比较明显，抖音系统就会将其列为恶意刷粉刷赞范畴，不仅会清空账号的刷粉刷赞数据，还会直接将视频下架或降低账号权重值甚至封号。

2. 负评太多

负面评价过多，或视频的争议点过大，都不利于账号的推荐。抖音不鼓励用户互相谩骂或诋毁，包括地域攻击在内的视频。此类视频在短时间内也许能吸引大量用户的互动，但只要进入人工审核环节，是绝对无法通过的。

3. 画面模糊

如果抖音视频的观看体验不佳，是无法进行推荐的。比如，拍摄时，多数初级内容创作者都不会关注光线的选择，或盲目地使用视频的特效道具等，造成画质粗糙继而对用户的观看体验造成较大影响。

4. 思想消极

优秀的短视频平台，都在倡导正能量，言论太过偏激或比较极端，都会影响到抖音账号最终的影响力。在抖音上经商，发布的内容一定要充满正能量。尤其是粉丝多达百万的头部大号，一旦被发现有消极内容，后果是非常严重的。

# 第十三章

## IP打造：告诉自己，我就是一个典型IP

## 探索抖音和 IP 的共性

抖音和 IP 的共性在于引流,抖音可以为品牌带来大量的流量,IP 也具备这个能力。

利用抖音进行创业,流量是最重要的"武器"。没有流量,也就失去了市场;没有消费者,就不会产生收益。粉丝时代,拥有流量的品牌,才能真正做强做大。

移动互联网中,"网红"的一招一式都成了粉丝模仿的对象。比如,服饰习惯、发型妆容等。粉丝之所以会关注他们,并不只是为了购买他们的商品,更是因为喜欢他们创作的内容;彼此拥有同样的消费观和价值观,容易打造一个黏性极高的垂直消费群体。

短视频内容,能够让 IP 更好、更完整地诠释产品特质,能够将 IP 的平面形象壁垒更完整地诠释产品特质,不仅打破了原本的平面形象壁垒,还能提升粉丝对产品的认知,更容易打造爆款。

 ## 制作热门的视频内容

如今,品牌已经进入一个"产品即媒体,内容即品牌"的时代,要想让

IP 与品牌通过短视频变现，制作短视频内容时，就要把握以下几个原则：

### 1. 寻找话题

话题可以有效连接品牌和用户，其来源既可以是品牌故事、产品卖点、有趣的段子等，也可以在标题上借助社会热点、新闻词汇来给短视频造势，增加点击量。只要抖商在抖音平台上参与各种符合自身定位的话题，短视频就会自动被系统纳入话题列表，被关注该话题的人看到，也就进入了一个更大的流量池。

### 2. 引起共鸣

每个人都有情感，情感共鸣更是吸引观众眼球的绝佳方式。因此，为了走进观众的内心，迅速占领用户关注点，提升短视频的播放量和点赞量，为品牌或产品赋能，就可以拍摄有趣、正能量的短视频内容，并在其中加入情感成分。

### 3. 放低门槛

在与品牌合作过程中，用户定位的重要性远大于内容定位，为了获得更多的用户，要将自己的门槛调低一些。

## 塑造核心 IP 价值观

过去，品牌与消费者基本上没有任何联系，即使有联系也都是单向的。移动互联时代，品牌与粉丝之间的互动已经成为抖商经营能力的一种表现，甚

至还出现了"无粉丝,无品牌"的说法。

发布短视频内容的 IP 都具有较高的辨识度,能够激发出用户关注的欲望,使 IP 变现更加容易。当然,品牌在短视频平台中运用 IP 来营销和变现也需要掌握一定的技巧,首先,塑造核心 IP 价值观,要注意以下两点:

### 1. 关联性

IP 的特色或其创作的内容与产品必须有一定的关联性,找到与商品符合的内容才是获得粉丝的关键。

### 2. 互动性

光吸粉而不运营粉丝也是不行的,IP 需要通过内容互动来引导粉丝帮助自己分享传播,实现内容变现。

总之,在打造 IP 的过程中,只有明确了价值观,才能轻松做决定;只有对内容和产品进行定位,才能突出自身的魅力,以最快的速度吸引粉丝关注。

## 依靠用户的信任变现

在打造人物 IP 的过程中,"抖商"要培养自身的正能量和亲和力。为了让粉丝信任你,就要将正面、时尚的内容制作成温暖的短视频,在第一时间传递给粉丝,在他们心中产生一种人格化的偶像气质。

品牌或"抖商"打造个人 IP,主要目的是为了赢得用户的信任。要想赢得用户信任,就要利用短视频,塑造一个专业、权威的品牌形象。

有了用户的信任，商品自然也就能卖掉了。比如，阿里巴巴推出的一系列虚拟信用卡产品，蚂蚁花呗、蚂蚁借呗和备用金等，都是基于用户的信任情况，给他们一定的提前消费额度，可以"先花后还"。只不过，"抖商"创业要想获得真正的成功，还需要考虑"变现"，即使能力再强，赚不到一分钱，也无法实现真正价值。

## 账号转让，形象代言

在生活中，无论是线上，还是线下，都会涉及"转让费"这一概念。随着时代的发展，也就逐渐有了账号转让的存在。同样，账号转让，接受者也需要向转让者支付一定的费用，如此，账号转让自然也就成了获利变现的方式之一。

对于抖音等短视频平台来说，抖音号多数都是基于优质内容发展起来的，因此，完全可以将抖音账号转让获利归为原创内容变现的方式之一。

如今，互联网上关于账号转让的信息非常多，对于有意向的账号接收者，一定要慎重对待，不能轻信，且一定要到较正规的网站上操作，否则容易受骗上当。

比如，鱼爪新媒平台可以转让的账号有很多种，如头条号、微信公众号、抖音号和快手号等；同时，不同的模块下，转让的参考价格也不同。

## 避免账号违规

在抖音上，只要不违规，获得平台的推荐，就能获得海量的流量。一旦违规，就会被限制流量，屏蔽功能，删除视频，直至封号。一旦被限流，原本可能成为 100 万播放量的大热门，最终也只能获得只有几万到几十万的流量。对于抖商来说，限流是最严重的惩罚，因此一定要重视账号的规范。

### 1. 账号违规

抖商最怕的就是触碰抖音的规则。因为一旦违规，就会对抖音号造成三大重要影响。

（1）限制流量，不要过度。抖音一旦被限流，明明可能有 100 万播放量，最后也只有几万到几十万。如此，这个内容就白做了，粉丝也涨不上来。只要一次违规，养号就需要数日，且要不断地输出优质作品。

在抖音发广告一定要适度，千万不要过度。一个月引流三次，每次转化约千个微信精准粉丝足够了，其他的时间，只要做好抖音运营即可。

（2）限制使用屏蔽功能。比如，恶意广告，恶意营销，严重的都会被限制使用。一旦违规，有些就可能无法开通。比如，经常频繁使用私信给客户发微信号，频繁使用评论发微信号，不按规则使用抖音的商品功能，都可能会被限制。

可以通过私信发广告，但不要一上来就发，要先跟客户沟通一下，确定是客户，确定客户需求，再给他微信号，通过私信与客户建立信任，帮助客户解答问题。

（3）封号。广告发太多或出现违规视频，都可能被删除。严重触碰抖音规则，即使只有一次，也可能直接封号。刚开始的新号没问题，一旦粉丝达到几十万，就要认真研究抖音的平台规则了。

2. 版权违规

2019年6月11日，抖音公布了对违规账号及内容的处罚通告：2018年5月累计清理26356条视频、永久封禁21786个账号。处罚的账号及内容主要包括色情低俗、侮辱谩骂、垃圾广告、造谣传谣、侵犯版权、内容引入不适、涉嫌违反法律法规。

作为平台，抖音责任重大，要努力为用户提供积极、美好、绿色、健康的内容生态环境，坚决并持续打击低俗、低质等信息。

3. 操作违规

抖音上，常见的有以下几种违规操作：

（1）违规使用账号昵称、抖音号、头像、个性签名和主页背景图等。

（2）作品内容中出现违规词语，视频图片中出现其他平台的水印。

（3）昵称签名留联系方式被平台检测到，被抖音清除。

（4）账号IP定位变化太快（前一刻是北京，后一刻是成都），擅自开启模拟器等非官方软件，被管理机构发现。

（5）大规模地刷赞、刷粉以及互关互赞。

（6）在一部手机上，连续切换几个抖音账号。

（7）在评论、私信中侮辱、谩骂他人。

一旦违规操作被限流,就要采取以下方法:

(1)已经违规操作,如果账号还没有"已重置",要养号观察3~5天,看看以前的作品播放量有没有增长。

(2)将过去没有播放量的作品隐藏或删除,发布更高质量的作品,看看24小时内播放量有无好转。

(3)作品发布24小时后仍然没有播放量,可以重新养一个新号,3~5天就能发布作品。

这些违规操作,千万不能触碰。一旦违规,要么限流、限制热门、限制功能,甚至封号,结果都对抖商不利。

4. 关键词违规

关键词违规就是指,抖音号的昵称、个性签名、头像、视频标题描述、私信、评论等有带有广告性质的词语。

一旦碰触了这条红线,就会被降低权重。概括起来,降低权重的形式共有三种:

(1)抖商发布的视频,只有自己的粉丝能看到,外人看不到。

(2)抖商发布的视频,只有自己能看到,任何人都看不到。

(3)抖商发布的视频,被删除并发布处罚通知。

如果出现了以上三种情况却视而不见,继续违规操作,就只能封号删号处理了。

5. 资料违规

无论是在国内还是在国外,对于一个主流、有影响力的平台,想要持久存续下去，就要传播正能量，传播积极的、美好的东西，千万不能接触负面的内容。

6. 作品违规

内容行为不雅观、涉及暴力等，一旦未成年人模仿，就会出现虐待、违法等不良行为。

灵异事件、恐怖镜头等会让人感到不适。比如，恐怖动物、特效制造出的惊悚效果，要减少这类恐怖视频。

7. 评论违规

抖音评论功能被封禁，不能评论。评论出现这种情况，原因主要有以下三个：

（1）评论太快，回复内容相似度高，被暂停评论功能，一般限制24小时。

（2）评论中出现违规内容、侮辱性言论，根据违规情况，将受到阶段性封禁甚至永久封禁评论功能的处罚。

（3）评论被人投诉，审核人员经过审核一旦确认为违规，就会阶段性地限制评论功能。

# 第十四章

## 思维改变：逼迫自己，掌握全新的自媒体运营模式

## 转变思路

### 先有客户，后有产品

传统商业时代，微商、电商和实体商家创业者通常都是先进行市场调研，再根据市场喜好来寻找渠道进货。这种做法，前期投入的成本大，风险高。因为市场每时每刻都在变动，产品很容易过时。同时，好产品从来都不缺卖家，竞争力度非常大，为了做营销推广，需要投入大量的资金。

对于"抖商"来说，通常都是不管产品，先通过短视频内容来积累粉丝，再将粉丝转化为精准客户，找到他们的痛点，提供合适的产品。

先有客户。在抖音等短视频平台上，最能收获流量的通常是那些颜值高的年轻男女，只要发布一些生活片段的视频，或拍一些"卖萌耍宝"的视频，就能吸引很多人点赞。

再有产品。通过短视频获得大量粉丝后，就开始卖货。卖货的方法有很多，比如，通过商品橱窗卖视频同款服装，商品的浏览量就非常高。"抖商"可以通过这种模式，在空闲时间根据自己的喜好和行程安排接单，赚取收入。

尤其是小企业和个体户商家，营销预算通常都不多，甚至有些人还没有做过营销推广工作，也没有资金去投放广告。此时，"抖商"就是一条不错的捷径。通过拍短视频和社交互动，就能聚集大量粉丝，特别是聚集某个细分领域的精准粉丝。

事实证明，用短视频吸粉比直接主动加入，转化效果要高很多。做"抖商"之前，一定要理清一个思路：

我是谁？——知道自己能干什么。

我想吸引谁？——想要什么样的粉丝。

他们有什么需求？——擅长干什么。

我怎样去解决他们的需求？——将你擅长的与粉丝的痛点结合在一起。

只有不断地垂直细分，才能获得更精准的粉丝；否则，即使粉丝数量再多，也不过是一个好看的数字而已，不会带来任何收益。

## 变流量思维为用户思维

并不是把粉丝吸引到店铺就结束了，要让粉丝持续地关注你，让他们形成长久的多次消费，甚至终身消费。

在传统商业模式中，好的地段是店铺流量的保证；而在电商时期，只有占据好的广告位置和排名靠前，才能获得更多流量。对于"抖商"来说，必须转变思维，做深度运营，做到"广撒网，多敛鱼，择优而从之"。

"择优而从之"就是一种用户思维，通过个性化、精细化的运营给用户带来更好的体验，高效驱动用户转化。比如，拼多多就是一个成功的例子。其给用户带来了一种全新的社交拼团购物模式，所有的营销都围绕用户进行，充分考虑到用户的消费体验。

总之，流量思维就是站在自己的角度看问题，关心当下利益；而用户思维则是站在用户的角度看问题，注重的是更深层次的信任关系。正是因为这个原因，抖音上的大咖才能随便卖个鞋子、衣服等商品，销量也不错。而一些实

体店商品质量不错,却无人问津,归根结底就是因为没有用户。

用户运营的主要目的是拉新和促活,通过用户的口碑来推广自己、产品或服务,挖掘更多的用户价值。

1. 用户拉新

要做好用户拉新的工作,需要解决以下三个问题:

(1)你的用户是谁?他有什么需求?首先,要做好用户定位,找到自己的核心用户和他们的真实需求,针对核心用户的需求来策划和拍摄,将产品的功能卖点在视频中体现出来,比如,购买晾衣架的用户,比较重视好的承重能力,想要多晾晒一些衣服。在短视频中,通过真实演示晾衣架能够承受两个成年人的重量,就能获得不错的关注效果。

(2)你的用户在哪里?必须找到核心用户经常去的地方,这些地方也是你需要拉新的渠道。当然,不同行业的核心用户渠道也有不同。比如,快手上,多数都是三线、四线城市的年轻人、农村用户、中学生;抖音上,多数是20岁左右的年轻人。所以,在寻找渠道时,要根据核心用户的属性和需求来确认。

(3)用户喜欢看什么内容?设定的内容,要能够吸引用户关注、点赞、评论和分享。抖商可以基于用户的需求痛点来制作内容,用内容解决他们的需求。

2. 用户"促活"

每次发布的短视频浏览量,最多只占据用户数的10%左右。没有浏览的用户,有些是对内容不感兴趣,更多的还是用户在最初的关注之后就再没有后续动作了。对于这些用户,一定要让他们活跃起来,这就是"促活"。

基于每个用户分层的画像,抖商可以策划满足用户需求的短视频内容,给他们带来源源不断的价值。

### 把消费者变成合作伙伴

在传统商业关系中，商家与消费者通常只是单纯的买卖关系，没有有效的互动方式，一旦买卖结束，彼此之间就再也没有交集了。这种消费关系异常冰冷，"抖商"要改变传统思维，将消费者当成朋友、当成自己的合作伙伴，让消费者形成周期性的消费习惯。

"抖商"可以让粉丝都来参与你的商业经营，共享他们的人际网络和人际关系，带来源源不断的客流。为了增加"抖商"和消费者之间的黏性，对于完成任务的"合伙人"，还要给予一定的分成奖励。比如，"火山小视频"曾推出过"邀请好友限时拆大红包"的活动，只要邀请符合条件的新用户，就能获得随机奖励。

"抖商"要从传统的商业战略思维转向商业模式思维，把消费者变成合作伙伴，把精力和重心从概念传播转移到信任强化上，打造一种合作共赢的商业模式。

把娱乐变成生意

### 用微信私号沉淀客户

目前，在众多的新媒体平台中，微信依然是覆盖率和性价比最高的引流

工具。

自媒体时代,微信具备强大的社交互动功能,能够作为主要的新媒体平台来运营;同时,微信也是多数"抖商"选择的最终粉丝沉淀平台。

玩抖音时,很多"大V"都会在个人简介中留下自己的微信号,其实就是想通过微信私号沉淀客户,提升粉丝价值。微信运营的核心重点主要在于微信公众号、私人微信号和微信群的紧密结合,只有做到这一点,才能激发出微信营销的最大能量。

### 1. 微信公众号

微信公众号包括两种不同的账号类型:订阅号和公众号。

(1)订阅号。位于"微信"主界面,主要优势是,流量入口更浅;不足在于,每天只能发送一次信息,开发能力比较弱,主要功能就是内容推送。

(2)公众号。公众号每个月只能推送4条信息,但开放接口功能非常丰富,可以对接更多的营销场景。"抖商"在做微信公众号运营时,尽量选择公众号,不用发送太多信息,只要为粉丝提供更多的相关服务功能,就能成功实现变现;不要在公众号上转发乱七八糟的内容;不要让用户反感,否则可能会"掉粉";在公众号上发布较长的图文内容,可以更好地塑造产品价值和品牌故事,引导和教育顾客。

### 2. 私人微信号

"抖商"的私人微信号运营的重点在于朋友圈和发私信,主要优势在于:私人微信号可以实现一对一的交流沟通,是宣传效果最好的互动形式;可以更好地连接大量用户,信息触达能力强;能够触达每一个精准用户;朋友圈是微信平台上最有效的曝光平台,用户都乐于接受这种被动的信息分享形式;只要添加了客户微信，就能随时随地推送消息；客户发信息，能够让你的产品和活动信息得到充分曝光。

需要注意的是：不要频繁发广告刷屏，不要被好友"拉黑"；要尽量多发一些与生活相关的有趣内容，甚至可以把与粉丝的私聊或评论内容转发到公众号，加强用户的信任感；可以群发信息，不仅节省时间，还能提高推广效率，实现与客户良好的互动，但不能经常群发。

## 社群管理核心客户

微信群的推广效果介于朋友圈和公众号之间，其内容的浏览率仅次于朋友圈，"抖商"只要获得高质量的精准客户，也可以通过微信群来对核心客户进行管理，后期的促活和转化效果也会不错。

"抖商"可以加入一些质量较高、维护较好、内容质量高的群，只要经常跟群友互动，多为他们提供帮助，就能获得大家的信任，沉淀更多的粉丝。

微信群具有非常好的互动和活跃性特点，可以用来举办一些活动。比如，团购、线下聚会等，经过"抖商"适当引导，创造良好的购物氛围，就能让群友产生消费冲动。

"抖商"在运营微信群时，还需要注意以下事项：

（1）交流的人比较多，信息容易被覆盖，因此要掌握好发布重点信息的时机。

（2）运营微信群产品或服务出现问题时，通过群里的交流，不利信息会很快被扩散，造成负面影响。

（3）竞争对手伪装成群友加进来，不仅会打探你的商业情报，还会夺走你的客户资源。

## 流量转移网店成交

"抖商"运营的最终目的就是把流量变成现金,不仅可以通过微信来沉淀粉丝,还可以直接将流量转移到自己的网店来实现变现。具体过程是,先通过引流,把客户带入店铺;然后,优化转化率,促使客户消费;最后,提升用户黏度,让购买者经常来买,实现长期收益。

### 1. 引导流量

目前,抖音、今日头条和快手等平台都可以直接实现店铺导流,甚至可以"边看边买",快速实现电商变现。比如,"快手小店"可以直接上架推广有赞商品,抖商可以申请开店,引导粉丝查看推荐商品,用户就能直接购买了。

### 2. 优化转化率

转化率是所有电商业务的核心,也是SEO优化、品牌营销、广告投放的最终目标。转化率是流量最终转化成的订单,也是"抖商"的创收盈利。

决定网店成交的因素主要有:网页内容结构、商品价格、商品品牌、商品结构、信用度、老客户认可度、物流费用、推广力度以及客服素质等。要想提升店铺的转化率,就要针对这些因素来优化和提升用户黏度,最大程度地挖掘客户价值,打造优质"超级用户"。

除了坚持发布优质的短视频内容"促活"外,"抖商"还要有明确的定位、有品牌意识、打造自己的"爆款",为"超级用户"带来更好的产品和服务,持续为他们带来价值,协助"抖商"留住"超级用户",构建自己的流量池。

 附

# 关于抖音的问题

◇商家该如何利用好抖音

商家切入抖音有多种形式：自己搭建团队，自建 IP 制作视频；找公司合作，对抖音进行代运营；与营销公司合作，通过短视频平台来做营销。

专业制作抖音短视频的流程如下：

1. 确定选题和剧本

定位是什么？是实用、搞笑、走心，还是猎奇？

剧本是什么？就是拍摄的流程和整体方案。

2. 拍摄思路与形式

画面如何吸引人？帅哥美女出镜，利用滤镜、美颜、特效等功能，打造美的画面。

那么，如何才能让观者停留更长时间？

实用类视频：快速说明主题，封面搭配好的文案。

娱乐类视频：用有吸引力的音乐做背景，真人出镜效果更佳。

### 3. 拍摄工具和规则

结合可以帮助拍摄的工具：拍摄支架、打光灯等。

准备好"服化道"：服装、化妆、道具等。

充分利用内置相机的自带功能运镜：速度、倒计时、慢动作等。

需原创、无水印：本地上传的视频，最好原创，不要打水印。

### 4. 编辑视频

背景音乐：用不同风格的音乐打造视频风格。

特效利用：充分利用动作、倒流、反复等效果。（主要针对本地上传的视频）

封面选择：从视频里选出比较精彩的内容作为封面。

统一的封面风格，会让属于你这个垂直领域的新粉丝迅速成为精准粉，有利于高质量粉丝的沉淀和黏性的培养。

## ◇抖商须知

### 1. 明确定位

做任何事情都不能盲目，不能看别人怎么做好，就一味模仿。今天模仿这个，明天模仿那个，没有意义；相反，还会让平台认为你的稳定性差，不利于推荐。定位清晰，深根挖掘，坚持一种风格做下去，才能打造个人IP或品牌IP。

### 2. 坚持下来

做任何事情一定要坚持，今天发一个，后天发一个，想起来就发一个，不能做到每天都发的话，还不如不做。

### 3. 遵守规则

一定要遵守平台规则，不能肆意而为。

4. 不断积累

秋天的收获一定是经历了春天的播种和夏天的成长,没有积累,何来成果,不要想一个视频就会有几十上百万粉丝。

5. 摆正心态

先完成粉丝积累,再进行转化,如果因为一两个粉丝而损失几十万上百万粉丝的账号,确实不划算。

6. 跟专业学习

术业有专攻,要耐心听从专业人士的建议,不能想当然。如果不知道怎么做抖音引流,就要在抖音上看看同行是怎么做的,多看、多学习,然后不断尝试并改进。

◇账号被盗了,怎么办

账号被盗,怎么办?一定要保持冷静,不能慌!只要按照下面的方法进行处理即可。

首先,找到运营商,说明账户被盗详情,将账户封禁,及时止损。

其次,下载并填写《账号申诉申请函》,打印纸质版并签字,上传电子版以及附有签名的纸质版照片,发送邮件至 feedback@douyin.com,将邮件主题命名为"申诉资料+抖音昵称"。

再次,本人手持身份证和写有"仅用于抖音盗号找回"纸张的照片。要求本人、身份证和纸张在同一照片中,且字迹清晰可辨。

最后,描述本人账号被盗的详细经过,并附上诈骗方账号信息、截图证据等。

◇爆款短视频的核心方法论

具体方法如下:

第一,找到账号定位,搭建普世又有鲜明特色的"角色形象"。

第二,统一视频风格、内容调性,结合巧妙的编排,让用户印象深刻。

第三,合理新增角色,不断丰富剧情,反转套路,找到更多话题点。

第四,定制化内容。比如,遇到"双11"、情人节、春节等节日都需要提前策划,推出定制化内容。

◇如何理解"视频不见了"和"视频在审核"

视频不见了,指的是内容违规被平台审核下架。

视频在审核,是指视频正常进入抖音平台审核流程,只要耐心等待即可,不用着急。一般情况下,审核会在几分钟内完成。

◇别人盗用你的视频,怎么办

视频被别人盗用,首先,打开侵权投诉链接:https://douyin.jinshuju.com/f/1eYlFN,在页面中填写抖音侵权投诉内容;其次,派专人每天查看处理,按现有侵权处理标准进行操作。